차이나는 요리

최형진 · 정지선 지음 | 이건호 도움

Booksgo

세상에는 아직 여러분이 '맛'보지 못한 그리고 상상하지 못한 무수한 '맛'이 존재합니다. 경험하지 못한 '맛'을 만날 때면 동공은 확장되고, 또 다른 삶의 기쁨을 만끽하기도 하고 때론 살아가는 이유를 발견하기도 하죠.

최근에는 시간과 비용만 있으면 세계 어느 나라든 갈 수 있는 세상이 되었습니다. '글로벌'이라는 단어는 세상을 하나로 묶는 역할도 하는데, 그 안에는 세계인의 다양한 '맛'이 존중되고 공유될 수 있다는 기능도 내포되어 있습니다. 그런데 글로벌화 되기 이전부터 우리는 '중식' 즉 중국요리를 아주 쉽게 접해 왔습니다. 짜장면, 짬뽕, 탕수육처럼 이제는 우리나라 음식이라고 해도 무색하지 않지만, 좀처럼 집에서 즐기기에는 뭔가 번거롭고 어렵게만 느껴진 것이 사실이죠.

저는 한식과 양식을 전문으로 하는 셰프지만, 중식이 결코 거리감이 있는 음식이라고 생각하지 않습니다. 우리나라 사람들이 즐겨먹는 음식은 결국 '한식'과 일맥상통한다는 생각 때문이죠. 더 이상 '별미'라던가 '특식'이 아니라는 이야기입니다.

그런데 왜 이렇게 보통의 가정집에서 중식을 해 먹기가 어려울까요?
첫째 '중식은 저렴하다'라는 장점이자 단점 때문입니다. 사먹거나 시켜먹는 것이 아무래도 더 편리하죠.
둘째, 중식의 맛을 내기 위해서는 이것저것 준비해야 할 것들이 많다고 생각하기 때문입니다.
셋째, 우리가 접한 중식이 짜장면, 짬뽕, 탕수육과 볶음밥 정도에만 익숙해져 있기 때문입니다.

중식, 어떻게 정의하면 좋을까요? 중식은 사실 가장 한국화된 중국풍의 요리라고 받아들이는 것이 이해하기에 좋을 듯합니다. 한국 중식은 그 자체로 충분한 경쟁력이 있습니다.

중국 본토를 방문하여 우리나라 중식 셰프들이 그들과의 요리대결을 펼치며 그들의 존경과 감탄을 받는 모습을 TV로 보면서 그 가능성과 경쟁력이 입증되었다고 생각합니다. 그렇다면 이런 가능성과 경쟁력을 가진 중식을 집에서도 쉽게 즐길 수 있는 방법이 있다면, 어떨까요?

《차이나는 요리》에 그 해답을 자신 있게 담았습니다. '중식에 대한 새로운 패러다임'을 제시하고 있는 최형진 셰프, 정지선 셰프와의 작업은 많은 영감을 주었고 매우 뜻깊었습니다.

새로운 음식에 대한 열정과 또 맛을 만들어 나가는 과정 그리고 셰프로서 또 하나의 도전 과제를 얻게 된 셈이죠. 과연 '한식'과 '중식'의 경계는 어디이며, 이 두 가지 요리가 시너지를 내면 우리나라의 맛이 얼마나 많은 세계인의 사랑을 받을 것인지 말이죠.

《차이나는 요리》를 통해 그동안의 편견을 걷어내고, 중식은 또 하나의 한식 영역이며 오히려 한국에서 발전시켜 글로벌화 할 수 있는 한류 상품이자, 새로운 문화라는 것을 인식하는 계기가 되길 희망합니다.

우리맛 연구소 지미원 원장 **이건호**

추천사

1만 시간의 수련,
한 그릇의 행복

'1만 시간의 법칙'에 대해 들어보셨을 것입니다.

한 가지 분야에서 달인의 경지에 오르기 위해선 적어도 1만 시간 이상은 투자해야 한다는 법칙이지요. 이 법칙은 미국의 한 기자가 빌 게이츠, 비틀스, 모차르트 등 시대를 대표하는 천재들의 공통점을 설명하기 위해 만들었는데요, 결국 재능이 노력을 이길 수 없다는 얘기기도 합니다.

사실 45년 전 제가 제 키만한 배달통을 들고 요리사라는 직업과 인연을 맺기 시작할 때만해도 요리사는 그렇게 주목받는 직업이 아니었습니다. 제대로 평가 받지 못한 기능인으로써의 삶이었죠.

지금은 다행히 삶의 질이 높아지고, 음식이 하나의 문화 카테고리로 자리 잡았습니다. 미식과 탐식이 삶의 질을 좌우하는 중요한 지표가 되었기 때문에 요리사의 사회적 역할이 많이 달라진 것은 사실입니다. 그래서 '셰프'라는 단어는 '요리사'와 일맥상통하는 의미지만, 매우 세련되고 익숙한 단어 중 하나가 되었습니다. 물론 저는 제가 일하는 식당에서 '사부'로 불리기도 합니다만, 아직 배워야할 것이 많은 저로서는 둘 다 익숙지 않은 호칭이지만요.

안타깝게도 지금 이 두 '셰프'들이 걸어온 길은 제가 배달통을 들고 짬뽕국물 하나 흘릴까 조마조마 해가면서 칼에 수 없이 손을 베어가며 수련했던 '배달소년'의 그때와 별반 다르지 않습니다. 1만 시간이라는 정량적 수치보다 1만 방울의 땀과 눈물이 더 가치 있었던 시간을 견뎌 내왔을 것이라 생각합니다. 늦게나마 그 어려운 길을 묵묵히 걸어온 제자들의 뜻 깊은 출간을 진심으로 응원하고 축하합니다.

사실 중식의 길을 가는 친구들이 그렇게 많지 않습니다. 중식은 한식, 양식에 비하면 그리 폼도 나지 않습니다. 늘 큰 칼을 들고, 무거운 웍을 들고, 이글거리는 불과 함께 하루를 보내야하기 때문이죠. 그 인고의 세월을 버티고 '사부!', '제자!'라고 할 수 있는 사이가 될 때까지 흘린 땀방울이 얼마일까요? 중간 중간 좌절하고, 포기하고 싶을 때 참았던 눈물들은 얼마일까요?

더 높이 평가하고 싶은 것은 이 제자들의 첫 작품이 '소박'하다는 데 있습니다. 화려하고, 이색적이고, 고급스러운 맛보다는 이미 한식처럼 친근한 중식을 집에서 맛있게 해먹을 수 있는 노하우를 나눈다는 책의 출간 의도가 스승으로서 존경스러울 정도입니다.

음식은 늘 그러합니다. 늘 한 그릇의 맛으로 평가됩니다. 셰프가 누구냐, 재료가 무엇이냐는 그 다음 문세시요. 오롯이 그릇에 남긴 결과물, 그 한 그릇을 비우는 찰나의 순간동안 감동을 주어야 하는 어려운 분야기도 합니다.

그 감동을 주기 위해 1만 시간 이상을 수련하고 또 앞으로 1만 시간을 또 나아갈 제자들이 한 그릇의 소박한 중식을 담아냈다는 데에 다시 한 번 박수를 보냅니다.

앞으로 이연복의 수제자가 아닌 최형진, 정지선의 사부였던 이연복 그리고 그들의 수제자가 될 수많은 제자들에게 이 책의 의미를 나누고 싶습니다.

이연복

셰프의 말

중국요리는 '배달음식'이라는 선입견이 있습니다.
누가 정해놓은 것도 아닌데, 중식을 먹자고 하면 으레 전화기부터 집어 듭니다. 아마 중식이 복잡한 조리법과 강력한 화력이 필요한 요리라는 인식 때문인지도 모르겠습니다.

무거운 웍을 돌리고 불판 위에서 끊임없이 요리하는 모습 때문에 솔직히 가정에서 해 먹는 것이 쉽지 않은 선택일 수도 있겠죠.

하지만 〈중화대반점〉 등의 다양한 요리 프로그램을 통해 중식이 생각처럼 어렵지는 않다는 것을 많은 사람들에게 선보일 수 있었다고 생각합니다.

요리 프로그램을 출연하면서 어떻게 하면 중식을 사람들에게 어렵지 않게 선보일지, 또한 손쉽게 따라하며 재미있는 요리를 하기 위한 방법이 무엇인지 고민했습니다. 단지 요리 솜씨를 뽐내는 것이 아닌 많은 사람들이 함께 요리를 접할 수 있기를 바라며 좀 더 쉽고 좀 더 간단한 방법을 연구하였습니다. 그 덕분인지 조금씩 중식에 대한 생각의 변화를 가져왔다고 느낍니다.

저희가 이 책의 집필을 결정하면서 가장 큰 고민이자 난관은 저희 요리의 맛을 고스란히 표현할 수 있는 정확한 계량과 화려하게만 느껴지는 중식 조리법의 단순화였습니다. 집에서도 쉽게 재현할 수 있느냐는 숙제로 남을 만큼 쉽지 않은 작업이었습니다.

맛으로, 영상으로 접했던 요리를 사진과 글로 표현하기 위해 많은 시행착오와 노력을 했습니다. 이 책을 통해 좀 더 친근하고 집밥 같은 중식을 경험할 수 있기를 바랍니다.

저희는 요리를 하는 사람들입니다. 중식이라는 분야에서 대부분의 시간을 보냈고, 앞으로도 그럴 것입니다. 이연복 사부님이 그러하셨듯이 한 그릇에 정성을 다하며 감동을 전할 수 있도록 진심을 다하겠습니다.

최형진, 정지선

목차

- 003 프롤로그
- 004 추천사
- 006 셰프의 말
- 012 가정식 중식 계량하기
- 013 모양에 따라 맛도 다르다
- 014 우리집을 중화반점으로 만들 대표 재료
- 016 우리집을 중화반점으로 만들 대표 소스
- 018 우리집을 중화반점으로 만들 기름 만들기
- 020 가정식 중식에서 마리네이드 하기
- 021 가정식 중식에서 사용하는 물전분과 닭 육수 만들기
- 022 차이니즈 건강밥상을 빛내는 소고기에 대하여
- 023 자연과 시스템이 만든 환상의 식재료, 소고기

第1章 맛있고 독특한 중국식 반찬

- 026 양배추 피클
- 028 짜사이
- 029 땅콩조림
- 030 흑식초 감자볶음
- 032 피단 연두부
- 033 두부피무침
- 034 목이버섯 무침

第 2 章 밥을 맛으로 덮다, 덮밥 & 볶음밥

- 038 소고기 브로콜리 덮밥
- 040 몽골리안 스테이크 덮밥
- 042 흑후추 소고기 덮밥
- 044 소고기 모듬채소 덮밥
- 046 레몬 소스 치킨 스테이크 덮밥
- 048 오렌지 치킨 덮밥
- 050 사천식 고추 새우 덮밥
- 052 중식 기본 볶음밥
- 054 닭고기 마늘종 볶음밥
- 056 XO 소스 해물 볶음밥
- 058 마파두부 덮밥
- 060 짜사이 돼지고기 등심 덮밥
- 062 아삭 오이 덮밥
- 064 도마도 달걀 덮밥
- 066 어향 가지 덮밥
- 068 어향 육사 덮밥
- 070 깐풍 두부 튀김 덮밥
- 072 중국식 잡채 덮밥
- 074 매콤한 닭고기 덮밥
- 076 모듬버섯 영양 덮밥
- 078 유산슬 덮밥
- 079 닭가슴살 셀러리 덮밥

第 3 章 어디까지 먹어 봤니? 면요리

- 082 상하이 볶음 쌀국수
- 084 홍콩식 볶음면
- 086 단단 누들
- 088 토마토 치킨 쌀국수
- 090 매운 해물 쟁반 짜장
- 092 사천탕면
- 094 중국식 냉면
- 096 해물 볶음 짬뽕
- 098 가위면
- 100 고양이 귀면
- 102 파기름 비빔면
- 104 돼지고기 당면 볶음
- 106 완탕면

第4章 중국 문화를 요리에 담다, 일품요리

- 110 찹쌀 탕수육
- 112 허니 갈릭 쉬림프
- 114 레몬 마늘향 왕새우 스테이크
- 116 어향 표고 떡갈비
- 118 삼선 해물 누룽지탕
- 120 호두 크림 새우
- 122 황금 탕수육
- 124 상해식 왕새우 리조또
- 126 통마늘 관자볶음
- 128 유림 건두부피
- 130 깐소새우
- 132 난자완스
- 134 강소성 닭날개 조림
- 136 가정식 두부 볶음
- 138 경장우육사
- 140 닭고기 캐슈너트 볶음
- 142 큐민향 양고기 볶음
- 144 조염새우
- 146 사천식 차돌박이 탕
- 148 회과육
- 150 어향 소고기 말이

第5章 꽌시의 나라 중국의 안주요리

- 154 닭고기 양상추 쌈
- 156 바삭 그린빈스 튀김
- 158 멘보샤
- 160 해장 짬뽕
- 162 황금 모래 굴튀김
- 164 연근 새우 샌드위치
- 166 갑오징어 튀김
- 168 땅콩 소스에 버무린 닭가슴살 냉채
- 170 해파리 냉채
- 172 흑식초로 맛을 낸 양장피
- 174 눈꽃 교자
- 176 고추 듬뿍 닭튀김

第6章 아이를 위한 건강한 중식 간식

- 180 초콜릿 라즈베리 딤섬
- 182 바닐라 크림 완탕
- 184 애플 완탕
- 186 게살 크림 딤섬
- 188 바나나 춘권
- 190 통 연근 찹쌀밥
- 192 바삭 찹쌀떡
- 194 팔보밥
- 196 망고 푸딩
- 197 알알이 옥수수전
- 198 국화 춘권
- 199 샤오마이

Course 중국요리 한 상

- 201 집들이를 위한 중국요리 한 상
- 202 가족 모임을 위한 중국요리 한 상
- 203 친구 모임을 위한 중국요리 한 상

가정식 중식 계량하기

짐작으로 간을 맞출 수 있는 것은 오랫동안 숙련된 경험이 있어야 가능한 일이다. 그래서 집에서 요리를 할 때 특히 새로운 요리에 도전할 때는 중식과 한식을 불문하고, 정확한 계량이 최상의 맛을 내는 지름길이다.

숟가락으로 계량하기

가루

 1큰술(15g)
 1/2큰술
 1작은술(5g)
 1/2작은술

액체

 1큰술(15g)
 1/2큰술
 1작은술(5g)
 1/2작은술

장류

1큰술(15g)
 1/2큰술
 1작은술(5g)
 1/2작은술

손으로 계량하기

한 줌(200g)
한 손으로 자연스럽게 쥔다.

한 줌
한 손으로 자연스럽게 쥔다.

종이컵으로 계량하기

가루

 1컵(130g)
 1/2컵(65g)

액체

 1컵(200g)
 1/2컵(100g)

모양에 따라 맛도 다르다

예쁘게 썰어 놓은 재료는 보기에도 좋지만 양념이 골고루 잘 스며들어 더욱 맛있는 요리를 완성할 수 있다.

어슷 썰기
대파, 오이, 고추 등 세로로 긴 재료를 한쪽으로 비스듬히 썰어준다.

편 썰기
마늘, 생강 등의 재료를 모양 그대로 얇게 저미듯 썰어준다.

채 썰기
무침이나 볶음 재료를 손질할 때 쓰는 방법으로 편으로 썰거나 어슷하게 썬 재료를 층층이 겹친 뒤 다시 일정한 간격으로 얇게 썰어준다.

깍둑 썰기
채소나 과일 등을 정사각형으로 썰어준다.

송송 썰기
가늘고 긴 재료를 동그란 모양으로 일정하게 썰어준다.

다지기
여러 번 칼질을 해서 원하는 크기로 썰어준다.

우리집을 중화반점으로 만들 대표 재료

다음의 재료들은 중식에서 주로 쓰이고, 꼭 필요로 하는 것들이다. 중식당을 자주 다니는 사람들이라면, '아~~그게 이거였구나'라고 소리칠지도 모른다. 몇 가지는 한식에서도 자주 쓰이는 친숙한 재료지만, 몇 가지는 중식에서만 쓰이는 비법 재료라는 것을 기억해 두면 요리가 더욱 맛있어 질 것이다.

송화단
'채단' 혹은 '피단'이라고 한다. 보통 중국요리에서 흰자가 까맣게 된 달걀을 피단이라고 생각하면 된다. 피단은 오리알을 황토 등으로 감싸거나 묻어, 삭힌 것으로 껍질을 까면 송화단 무늬가 보여 소나무 송(松)자와 꽃 화(花)자를 써서 붙여진 이름이다. 그냥도 먹고 쪄서도 먹는다.

죽순
대나무 땅 속 줄기 마디에 돋아나는 어린 순으로 봄철 짧은 기간에만 나오기 때문에, 저장하기도 어렵고 손질하는 것도 번거로워 보통 통조림을 이용한다.

마른 목이버섯
목이버섯은 '흑목이' 혹은 '흑채'라고 한다. 고목에 기생하는 버섯으로 모양이 귀처럼 생겼다. 철분, 칼슘, 비타민 B가 풍부하며 9월에서 10월에 나는 것이 가장 좋다. 따뜻한 물에 10분 정도 불려서 부드럽게 만들어 주름 사이의 모래를 제거해서 사용한다.

초고버섯
세계 4대 버섯 중 하나, 신선하고 아삭거리며 매끄럽다. 여름에 생산되고 중국 동남부 지역에서 많이 생산되므로 광동 복건 요리에 많이 사용된다. 비타민 C가 풍부하고 콜레스테롤을 내려주며 항암 작용을 하는 것으로 알려져 있다.

은이버섯
백목이버섯이라고 한다. 반투명한 흰색으로 건조시키면 엷은 황색을 띠며, 따뜻하고 습기가 많고 바람이 잘 통하는 곳에서 잘 자란다. 보통 스프나 탕 요리에 쓰인다.

표고버섯
중국요리에 흔히 사용하는 재료로 마른 것을 주로 사용한다. 향과 영양이 풍부한데, 갓이 두툼하고 바싹 말라 가벼운 것이 좋다.

건두부피
동북 지역에서 발달된 건두부피는 쌈, 무침, 탕, 볶음 등 다양한 요리에 사용되고 있다.

찹쌀 누룽지
찹쌀로 밥으로 눌러 만든 제품으로 기름에 튀길 때 150도 기름에 저어가며 튀긴다.

은행
맛이 달고 쓰며, 따뜻한 성질이 있다.

팔각
팔각은 상록수인 대회향의 열매로 육류 요리에 사용하는데, 누린 내를 없애주고 풍미를 돕는다.

산초
날 것은 아린 맛이 강하기 때문에 볶아서 향을 낸다. 육류, 내장 요리에 많이 사용되며, 사천 지방에서 많이 사용하는 재료다.

요과
옻나무과 식물의 열매로 모양과 맛이 땅콩과 비슷하며, 지방과 단백질의 함량이 높다. 캐슈너트로 불리며 중국요리에 많이 사용한다.

짜사이
'착채'라고 불리는 채소. 잎은 배추와 비슷하게 생겼고, 뿌리는 울통불통하고 굵다. 이 뿌리를 채 썰어 사용하다. 최근에는 절여져 팩으로 나온 것도 있다.

판 젤라틴
동물의 껍질이나 뼈를 고아서 만든 것이다.

한천
해초류에서 채취하는데, 보통 동결건조시켜 만든다. 식물성이므로 젤라틴과 달리 굳으면 다시 가열해도 액상으로 되돌아오지 않는다.

해파리
식용 해파리를 명반과 소금으로 압착해 수분을 없애고 깨끗이 씻은 뒤 다시 소금에 절인 것이다. 색이 희고 광택이 있으며 오돌오돌하면서 부드럽고 모래가 없는 것이 좋다.

당면
감자, 고구마, 녹두, 잠두, 완두콩 녹말을 이용해 만든다.

생강
북방 요리에 주로 쓰는 향신료로 비장을 보호하는 효과가 있다.

마른 고추
맵고 얼얼한 요리에 꼭 필요한 재료. 센불에서 조리하면 금방 타버리기 때문에 약한 불에서 은근히 향을 내어준다.

고수
향이 특이한 재료, 칼슘, 철분, 비타민 A가 풍부하다. 호불호가 갈리는 재료로, 마니아가 있을 정도다.

우리집을 중화반점으로 만들 대표 소스

중국요리는 다양한 재료만큼이나 독특한 향과 맛을 내는 소스들이 많다.
일반적으로 알려진 굴소스, 두반장, 춘장 이외에도 중국요리의 대표적인 맛을 만드는 소스들에 대해 알아보자.

굴소스

중국요리에서 가장 많이 쓰이는 소스로 생굴을 소금물이나 간장에 넣어 발효시킨 감칠맛이 나는 소스다.

두반장

맵고 짠맛이 강하고 독특한 향이 있는 소스로, 잠두콩을 원료로 만든 된장으로, 대두와 누에콩을 섞어 발효시켜 만든다. 빨간 고추, 소금 등의 향신료를 넣어 만든 소스로, 중국 사천의 대표적인 매운 요리에 주로 사용한다.

춘장

짜장면에 사용되는 소스로, 대두, 밀가루, 소금, 누룩을 섞어 발효 숙성시켜 만든 장이다. 짜장면 외에 경장우육사, 회과육 등 다양한 메뉴의 소스로 활용되고 있다.

해선장

해선을 광둥어로 발음하면 '호이신이'라고 한다. 해선은 해산물을 말하지만 실제 소스에는 해산물이 전혀 들어가지 않고 고구마를 이용해서 만들어 왔다. 지금은 물, 설탕, 대두, 식초, 쌀과 대두를 발효시켜 만들며, 짜고 단맛을 내 볶음, 구이, 찜에 주로 쓰인다.

스리라차

매운 소스 중 하나로 태국에 시 라차 지방에서 유래되었으며, 고추, 증류, 식초, 마늘, 설탕, 소금으로 만든 장이다. 향이 세지 않고, 약간의 신맛과 적당한 매운맛으로 퓨전 요리에 다양하게 사용되고 있다.

XO 소스

마른 관자, 마른 새우, 중국 햄 등을 갈아서 다양한 향신료를 배합해서 만든 매운맛의 소스로 광동 지역에서 처음 만들어 냈다.
중국 음식에 매운맛을 내는 용도로 많이 사용하는 해산물 소스다. 'XO'는 'Extra Old'를 뜻하며, 최상등급 코냑인 XO코냑에서 그 이름이 유래되었다고 한다. XO코냑은 다른 술에 비해 한 차원 높은 품격있는 술이라는 이미지가 있는데, 최고급 재료로 만든 XO 소스에 '최고 중의 최고'라는 이미지를 부여하기 위해 붙여진 이름이라고 한다. XO 소스는 고급스런 맛을 내기 때문에 '미식가 소스'로 불리기도 한다.

씨즈닝(밀간장)
밀 100%로 만든 소스로 요리에 불향이 난다. 마리네이드, 볶음 요리, 바비큐, 냉채 소스 등에 다양하게 사용할 수 있다.

노두유
광동 일대에서 쓰는 색깔이 진한 간장을 말한다. 보통 요리의 식욕을 돋구기 위해 색내는 간장으로 사용되며, 단맛과 짠맛이 미세하게 있다.

치킨파우더
닭의 감칠맛이 요리의 풍미를 살려준다. 달고 짠맛의 대명사로 요리의 맛을 한층 높여준다.

땅콩버터
땅콩을 갈아서 가공하여 페이스트 형식으로 만든 제품으로, 고소하고 단맛이 있어 냉채 소스나 매운 요리에 잘 어울린다.

스위트 칠리 소스
빨간 고추가 주원료인 소스로, 맵고, 단맛이 특징이며 디핑 소스로 많이 사용된다

갈릭 칠리 페이스트
대만에서 수입된 제품으로 고추가 50%, 마늘 25%가 주재료인 소스로, 매운 요리에 감칠맛과 칼칼한 맛을 돋아준다.

연두 청양초
100% 청양고추를 농축시켜 액상으로 만든 제품으로, 요리의 칼칼함과 깔끔한 맛을 낸다.

오향분
오향분(五香粉)은 중국을 대표하는 향신료다. 산초, 팔각, 회향, 정향, 계피 등의 분말을 섞어서 만든다. 한약 냄새가 난다고 하지만 상쾌한 향이 식욕을 돋우는 역할을 하기도 한다. 고기의 누린내와 잡내를 잡아주어 대표적으로 오향장육에 사용된다. 완제품을 시중에서 구매할 수 있다.

큐민
큐민(cumin)은 중국어로 '쯔란'이라 불리며 톡 쏘는 자극적인 향과 매운맛을 내는 향신료로 양꼬치에 주로 사용된다.

우리집을 중화반점으로 만들 기름 만들기

중국요리에 사용되는 대표적인 기름으로 고추기름과 산초기름, 파기름, 마늘기름을 손꼽을 수 있다.
시중에서 판매되는 것을 구매할 수도 있고, 필요에 따라 집에서 손쉽게 만들 수 있다.

고추기름

중국어로 '라유'라고 불리고 고춧가루를 기름에 태워서 만든 기름으로, 매콤한 요리에 사용된다.

재료
굵은 고춧가루 50g, 고운 고춧가루 100g, 대파 1개, 파뿌리 5개, 생강 1개, 식용유 5컵(1L)

1 파뿌리는 씻어 수분을 제거하고, 생강은 편 썰고, 대파는 6cm 길이로 썰어 준비한다.

2 냄비에 기름을 넣어 가열하고 1번 재료는 유리 볼에 담는다.

3 끓는 기름은 재료가 담긴 그릇에 부어 준다.

산초기름

매운 요리의 풍미를 살려주는 기름. 아린 맛이 강해 내장 요리나 육류 요리에 어울린다.

재료
마른 산초 열매 10g, 팔각 1개, 생강 1개, 식용유 5컵(1L)

1 생강은 편 썰어 준비하고, 산초와 팔각은 위생종이로 닦아서 준비한다.

2 팬에 기름을 두르고 모든 재료를 넣어 약불에서 은근히 5분 정도 가열한다.

018

파기름

파의 매운향은 비린내를 없애주고 식욕을 자극하며 소화를 돕는다. 파의 향과 맛이 나는 기름으로, 기름의 유해성분을 없애준다.

재료
대파 2개, 양파껍질 50g, 양파 1개, 식용유 5컵(1L)

150도로 가열하여 대파가 황색갈으로 변하기 시작하면 불을 끈다.

마늘기름

재료의 살균 효과를 돕고, 감칠맛을 살려준다.

재료
마늘 편 100g, 식용유 5컵(1L)

팬에 기름을 두르고 열을 가한 후 마늘 편을 넣고 약불로 서서히 저어가면서 향을 낸다.

가정식 중식에서 마리네이드 하기

중국요리는 고기를 볶을 때 그냥 바로 볶는 경우가 거의 없다. 보통 '마리네이드'라고 불리는 과정을 거치는데, 소금과 후춧가루로 밑간을 하고 달걀과 녹말 가루를 넣어 사용하면 훨씬 부드럽고 잡내 없는 고기를 즐길 수 있다.

우리가 마리네이드 하는 이유는 1. 고기의 연육을 돕기 위해서, 2. 맛과 향을 좋게 하기 위해서, 3. 조리 과정을 돕기 위해서, 4. 고기의 육즙을 보호하고 표면이 마르지 않기 위해서다.

재료
해물(알새우, 오징어)·육류(닭고기, 소고기, 돼지고기) 각각 250g 기준
옥수수 전분 2큰술(약 20g), 달걀 흰자 1개(약 30g), 소금 1/4작은술, 식용유 3큰술(약 30g), 후춧가루 약간

1 볼에 흰자, 옥수수 전분(또는 감자 전분), 흰자, 소금, 후춧가루를 분량대로 넣고 잘 섞어준다.

2 식용유 3큰술을 조금씩 나눠 넣으면서 농도가 생길 때까지 휘핑기로 잘 섞어 마리네이드 소스를 만든다.

3 분량의 육류나 해물을 넣고 잘 버무린다. 소고기는 20분 이상 숙성시켜 사용한다.

4 프라이팬에 식용유 1컵을 넣고 아지랑이가 피어오를 때쯤 마리네이드 된 3의 재료를 넣고 부드럽게 익혀 요리에 사용한다.

5 다음은 닭고기와 새우의 마리네이드 된 상태이다.

닭고기   새우

 Tip
- 육류나 해물의 무게에 따라 마리네이드 소스의 양을 조절해가며 사용한다.
- 새우나 오징어 같은 해물에 염분이 있을 때는 마리네이드 할 때 소금양을 조절한다.
- 마리네이드 된 육류나 해물에 감자 전분을 넣고 버무리면 튀김옷을 만들 수 있다.

가정식 중식에서 사용하는 물전분과 닭 육수 만들기

물전분 만들기

물전분은 탕수육 소스, 칠리 소스 같이 다양한 소스를 만들거나 해물 누룽지탕처럼 국물의 농도를 잡아 요리에 윤기를 나게 해준다. 또한 재료에서 맛있는 성분이 흘러나오는 것을 막아주어 음식 맛이 어우러지게 돕는다. 또 물전분이 들어간 음식은 빨리 식지 않아서 재료의 맛을 유지시키는 데 도움이 된다.

1 물전분은 감자 전분과 물을 1:1 비율로 잘 섞어 만들어준다.

2 물전분은 반드시 국물이 완벽하게 끓었을 때 불을 최대한 줄이고 부드럽게 잘 섞어가며 넣어야 응어리가 지지 않고 맑고 투명한 소스를 만들 수 있다.

닭 육수 만들기

중국요리에서는 닭고기 육수를 쓰는 것이 일반적이다. 누룽지탕이나 짬뽕 같은 국물 요리를 만들 때 닭 육수를 사용하면 깊은 맛을 낼 수 있다. 멸치나 소고기를 사용한 육수는 향이 강해서 다른 재료의 맛에 영향을 미치는 데 반해, 닭고기 육수는 다른 재료와 섞어도 맛에 영향을 주지 않고 사용할 수 있어 다양한 요리에 사용한다. 중국요리의 깊은 맛에 도전해보세요.

재료
닭다리살 1쪽, 대파 1/2대, 양파 1/2개, 생강 1쪽, 물 15컵(3L)

1 닭다리살은 깨끗이 씻어 준비하고 양파는 반으로 자르고 생강은 큼직하게 편으로 썰어 대파와 함께 준비한다.
2 물 15컵에 **1**의 재료를 넣고 육수가 끓기 시작하면 거품과 불순물을 걷어내고 30분 정도 우려서 사용한다.

 Tip 센불에서 거품이 나도록 계속 끓이면 육수가 탁해지므로 육수가 끓기 시작하면 불을 줄이고 약한 불에서 서서히 재료들을 우려서 맑은 육수를 뽑아 사용한다.

차이니즈 건강밥상을 빛내는 소고기에 대하여

고기로 통칭되는 육류는 중식에서 결코 빼놓을 수 없는 식재료이다. 육류 중에서도 소고기는 단백질은 물론 필수 아미노산과 철분, 비타민 등이 풍부하게 들어 있는 건강한 식재료로, 함유하고 있는 영양소는 매우 뛰어나다. 건강한 가정식 중식을 위해 건강하게 먹는 법을 알아보자.

소고기는 어린이뿐 아니라 어른까지 전 연령대에 꼭 필요한 영양분을 풍부하게 함유하고 있는 재료이다. 소고기에는 여타 다른 식재료 보다 아미노산이 풍부한 양질의 단백질이 들어 있으며, 100g만 먹어도 철분, 아연, 비타민 B군, 셀레늄 등의 영양분을 충분히 섭취할 수 있다.

특히, 성장기 어린이의 경우 체중 1kg당 사용하는 단백질의 양은 성인의 2배 이상이기 때문에 어른 손바닥만 한 양의 소고기를 매일 먹어주는 것이 좋다. 흡수력도 뛰어나 기력보충 재료 훌륭한 소고기로 온 가족이 함께 즐길 수 있는 '차이니즈 건강밥상'을 차려보자.

건강한 미국산 소고기 맛있게 먹기

- **살치살** 환상적인 마블링으로 사랑 받는 부위. 굽기만 해도 맛있어 구이용으로도 맛있고, 덮밥류와 스테이크류와 잘 어울린다.
- **척아이롤** 윗등심과 목심이 포함된 부위로 마블링이 적당해 부드럽고 고소하게 씹히는 맛이 특징. 스테이크, 구이, 불고기, 전골, 샤브샤브 등 조리법에 구애 받지 않는 만능 인기 부위다.
- **부채살** 낙엽 모양과 비슷해 '낙엽살'이라고도 불리는 부위로, 마블링이 좋아 구이용으로 적합하며 밥류와 볶음 요리로도 좋다.
- **전각(앞다리살)** 육즙과 풍미가 진하고 얇게 썰어도 씹는 식감이 살아있는 것이 특징으로 살코기와 지방의 밸런스가 탁월해 다방면으로 활용하기 좋은 부위다. 불고기, 국거리로도 안성맞춤이며, 탕수육으로도 제격이다.
- **채끝** 등심 뒷부분으로, 살코기와 지방의 조화도 좋고 육질도 부드러워 육즙이 살아있는 부위다. 두툼하게 혹은 얇게 썰어도 고기맛을 잘 음미할 수 있는 가볍게만 구워도 좋은 부위다.

자연과 시스템이 만드는 환상의 식재료, 소고기

소고기를 건강하게 먹는 법을 알아봤다면, 어떤 소고기를 선택하는 것이 좋을까? 요즘 주목받고 있는 것이 자연 그대로의 환경, 드넓은 목초지에서 방목되고 곡물 사료로 키워 고기 맛이 고소하고 영양도 풍부한 '미국산 소고기'다. 스트레스 없는 환경에서 자연 방목 사육되고, 미국의 과학적 시스템을 바탕으로 소가 태어난 순간부터 모든 과정이 꼼꼼하게 체계적으로 관리되고 있다.

'Farm to Table(농장에서 식탁까지)'이라는 모토로 안전성을 가장 중시하는 미국에서는 HACCP 시스템과 더불어 식품안전검사국(FSIS), 식품의약국(FDA), 그리고 환경보호청(EPA)의 관리 하에 생산되고 한국의 검역까지 까다롭게 통과해야 우리나라에서 비로소 소고기를 즐길 수 있기 때문에 안심하고 먹을 수 있다. 거기에, '동물복지'를 위해 생산부터 도축까지 선진화된 다양한 노력을 하고 있다. 모든 절차는 미국 농무부의 검역 규정에 따라 철저히 진행되고 있다.

미국산 소고기는 품질에 따라 총 8개 등급으로 나뉘며, 우리나라에는 가장 최상위 두 등급인 프라임급과 초이스급이 대부분 수입되고 있다. 이중 프라임 등급은 전체 생산량의 3% 미만에 불과한 특상품이다. 전세계 110개국에 수출되는 미국산 소고기는 전 세계인들에게 맛 좋고 품질 높은 소고기로 인정받고 있다.

第 1 章

맛있고 독특한
중국식 반찬

양배추 피클

위에 좋은 양배추와 적혈구 생성에 효과적인 비트가 만나
식욕까지 돋아주는 피클

준비하기° [2인분]

양배추 … 1/6통
비트 … 1/8개
월계수잎 … 1장
사천고추 … 6개
후춧가루 … 약간

소스

식초 … 1컵
설탕 … 1컵
물 … 1컵
소금 … 1작은술

만들기°

1 모든 재료를 준비한다.

2 양배추는 사방 2cm로 썰고 비트는 4cm로 채 썰어 준비한다.

3 냄비에 분량의 소스 재료를 넣어서 설탕이 녹을 때까지 끓여준다.

4 그릇에 양배추와 비트를 골고루 담고 3의 소스를 부어서 완성한다

Tip 피클을 담을 그릇은 세균번식 방지를 위해 끓는 물에 소독한 후 말려서 사용한다.

짜사이°

뿌리 식재료로 '자차이(榨菜)'의 한국식 발음인 착채는 중국의 김치

준비하기° [2인분]

짜사이 … 2컵
대파 … 1/2대
양파 … 1/4개

소스
설탕 … 1큰술
참기름 … 1작은술
고운 고춧가루 … 1큰술
고추기름 … 2큰술
식초 … 1큰술
치킨파우더 … 1작은술

 Tip 짜사이는 완전히 소금기를 빼는 것보다 입에 넣었을때 간간한(30%) 느낌이 들 정도로 남겨서 무치는 것이 좋다. 양념할 때 간을 별도로 할 필요가 없어 짜사이 자체의 맛을 느낄 수 있기 때문이다.

만들기°

| 1 | 2 | 3 |

1 짜사이는 흐르는 물에 씻어서 짠기를 뺀다.

2 대파와 양파는 채 썰어 준비하고 짜사이는 수분을 제거한다.

3 볼에 분량의 재료를 모두 섞어 소스를 만들고 **2**를 모두 넣고 무쳐서 완성한다.

땅콩조림

음식을 기다리다 현기증이 날 것 같은 사람들을 위한 예의

준비하기° [2인분]

껍질 땅콩 … 1컵
팔각 … 1개
셀러리 … 1/2대
대파 … 1대
생강 … 1개

소스
치킨파우더 … 1큰술
물 … 3컵(600g)
소금 … 약간
간장 … 1큰술

 Tip 땅콩을 불리면 끓이는 시간을 단축시킬 수 있고 간이 잘 밴다.

만들기°

1 껍질 땅콩은 깨끗한 물에 하루 정도 담가 불려놓고, 팔각, 셀러리, 대파는 씻어서 준비한다.

2 냄비에 주재료와 분량의 소스를 넣고 센불에서 5분간 끓이다가 중불에서 30분 정도 더 끓여준다.

3 파와 생강은 건져내고 식혀서 완성한다.

흑식초 감자볶음

삶아도 비타민 C가 파괴되지 않는 감자와 흑식초가 어우러져
차갑게 즐겨도 OK

준비하기° [2인분]

감자 … 1개
당근 … 1/3개
청피망 … 1/4개
사천고추 … 5개
다진 마늘 … 1작은술
식용유 … 1큰술
산초기름 … 1큰술

소스

치킨파우더 … 1큰술
설탕 … 1과 1/2작은술
정종 … 1작은술
흑식초 … 1큰술
참기름 … 1작은술

만들기°

1 감자, 당근, 청피망은 가늘게 채 썰어 준비한다.

2 감자는 찬물에 10분 정도 담갔다 체에 받쳐준다.

3 팬에 산초기름과 식용유를 1:1 비율로 섞어서 두르고 사천고추, 다진 마늘을 넣어서 볶는다.

4 3에 감자를 넣고 볶다가 당근과 피망을 넣고 재빠르게 볶는다.

5 4에 분량의 재료로 소스를 만들어 넣고 볶아서 완성한다.

Tip
- 감자가 팬에 들러붙지 않기 위해서는 물에 10분 정도 담가 전분을 제거한다.
- 가늘게 채 써는게 힘들다면 채칼을 활용해도 좋다.

피단 연두부°

삭힌 오리알의 쫀득함과 부드러운 연두부의 달달한 연애

준비하기° [2인분]

송화단 … 2개
연두부 … 1개
쪽파 … 2뿌리
마늘 … 2개
다진 땅콩 가루 … 약간
고수 … 약간

<u>소스</u>
간장 … 1큰술
치킨파우더 … 1작은술
설탕 … 1/2작은술
후춧가루 … 약간

- 피단은 송화단이라고도 하며 중국에서 오리알에 왕겨 등을 넣어 진흙으로 싸서 6개월 이상 발효시켜 만든 것으로 부드러운 연두부와 함께 냉채로 즐겨 먹는다.
- 피단을 삶을 때 찬물에서 10분간 끓여서 사용하면 향은 줄어들고 식감은 더 쫀득거린다.

만들기°

1

연두부는 수분을 제거한 후 세 토막을 내고, 송화단은 껍질을 제거하여 깍둑 썰고, 마늘은 다진다.

2

1에 분량의 재료로 소스를 만들어 넣고 땅콩 가루와 고수를 얹어 완성한다.

두부피무침

두부야 면이야?
상상이상으로 쫄깃한 건두부피

준비하기 [2인분]

건두부피 … 2장
홍피망 … 1/3개
양파 … 1/4개
오이 … 1/3개
마늘 … 2개

소스

고추기름 … 1큰술
산초기름 … 1큰술
참기름 … 1작은술
치킨파우더 … 1큰술
설탕 … 1/2작은술
간장 … 1/2작은술
고춧가루 … 1/2작은술
연두 청양초 … 1큰술
백후춧가루 … 약간

Tip 건두부피는 일반 두부보다 쫄깃하고 탄력이 있어 무침, 볶음, 탕 요리에 좋다.

만들기

건두부피는 1cm 크기로 채 썰고, 당근, 오이, 홍피망, 양파는 5cm 길이로 채 썰어 준비하며, 마늘은 다져서 준비한다.

그릇에 **1**의 재료를 모두 담는다.

2에 고추기름과 분량의 재료로 소스를 만들어 넣고 무쳐서 그릇에 담아 완성한다.

목이버섯 무침

식이섬유와 비타민 D가 풍부해 여성 건강에 Good!

준비하기° [2인분]

불린 목이버섯 … 1컵
셀러리 … 1대
당근 … 1/4개
마늘 … 2개
생강 … 1개

소스

간장 … 1/2작은술
치킨파우더 … 1작은술
설탕 … 1/2작은술
백후춧가루 … 약간
참기름 … 1큰술
소금 … 약간

만들기°

1 목이버섯은 30분 정도 불려서 먹기 좋은 크기로 손질한다.

2 셀러리와 당근, 마늘은 편 썰고, 생강은 곱게 채 썰어 물에 담가둔다.

3 팬에 기름을 두르고 마늘과 생강즙을 볶아 향을 낸 후 목이버섯, 셀러리, 당근을 넣고 볶는다.

4 분량의 재료로 소스를 만들어 넣고 무쳐준다.

Tip
- 목이버섯을 불린 후 얼음물에 담가 놓으면 특유의 탄력을 유지할 수 있다.
- 생강즙은 물 3큰술에 채 썬 생강 1개를 넣고 10분간 우려서 사용한다.

第2章

밥을 맛으로 덮다,
덮밥 & 볶음밥

소고기 브로콜리 덮밥

부드럽게 튀겨낸 소고기와 브로콜리를 굴소스로 볶아 감칠맛 최고

준비하기° [2인분]

소고기 알목심 … 250g
브로콜리 … 6알(80g)
식용유 … 2작은술
다진 마늘 … 1/2작은술
다진 생강 … 1/2작은술
참기름 … 1/2작은술
물전분 … 1/2큰술

소스
물 … 1/4컵
간장 … 1/2큰술
설탕 … 1큰술
치킨파우더 … 1/2작은술
노두유 … 1/2작은술
굴소스 … 1/2작은술

만들기°

1 소고기 목심은 넓적하게 한입 크기로 편 썰고 브로콜리는 먹기 좋은 크기로 썰어 끓는 물에 살짝 데쳐 준비한다.

2 소고기는 마리네이드 한 후 잘 버무려서 20분간 숙성시킨다.(20쪽 참고)

3 분량의 재료를 섞어서 소스를 만든다.

4 팬에 식용유 1/2컵을 넣고 아지랑이가 피어오르면 **2**의 소고기를 넣고 부드럽게 익혀 기름기를 빼 놓는다.

5 팬에 식용유를 두르고 뜨거워지면 다진 마늘과 생강을 먼저 볶다가 **3**의 소스를 넣고 끓여준다.

6 익혀낸 소고기와 브로콜리를 넣고 물전분으로 농도를 조절해 잘 버무려서 참기름을 넣어 완성한다.

> **Tip** 소고기 부위는 척아이롤, 소고기 안심, 치마살 등 기름기가 적은 부위로 변경해서 마리네이드 하여 20분간 숙성 후 사용하면 부드러운 육질을 즐길 수 있다.

몽골리안 스테이크 덮밥

부드럽게 익힌 소고기를 바비큐향 간장 소스로 볶아
'단짠단짠' 중독되는 맛

준비하기° [2인분]

소고기 알목심 … 250g
쪽파(잎) … 8뿌리
식용유 … 2작은술
양송이버섯 … 3개
다진 마늘 … 1작은술
참기름 … 1/2작은술

소스

물 … 1과 1/2큰술
간장 … 1/2큰술
설탕 … 1큰술
치킨파우더 … 1/2작은술
노두유 … 1/2작은술

만들기°

1 소고기 목심은 넓적하게 한입 크기로 편 썰고 양송이버섯과 쪽파는 먹기 좋은 크기로 썰어서 준비한다.

2 소고기는 마리네이드 하여 잘 버무려서 20분간 숙성시킨다.(20쪽 참고)

3 분량의 재료를 섞어서 소스를 만든다

4 팬에 식용유 1컵을 넣고 기름이 끓어오르면 2의 마리네이드 된 소고기를 넣어 센불에 튀겨 기름기를 빼 놓는다.

5 팬에 식용유를 두르고 뜨거워지면 다진 마늘을 넣고 볶아서 향을 내주고 3의 소스를 넣고 끓여준다.

6 5에 익혀낸 소고기와 양송이버섯을 넣고 소스가 흡수되도록 빠르게 볶아주고 쪽파와 참기름을 넣어 완성한다.

Tip 재료를 볶을 때 소고기가 소스에 잘 스며들 수 있도록 센불에서 잘 섞어가며 볶아주면 바비큐향의 몽골리안 스테이크를 더욱 맛있게 즐길 수 있다.

흑후추 소고기 덮밥

후춧가루의 매콤함과 부드러운 소고기 스테이크의 찰떡궁합

준비하기° [2인분]

소고기 … 250g
청피망 … 1/2개
홍피망 … 1/4개
양파 … 1/5개
다진 마늘 … 1/2작은술
파인애플 … 6쪽
버터 … 1큰술
물전분 … 1/2큰술

소스

물 … 1/4컵
굴소스 … 1큰술
설탕 … 1/2작은술
간장 … 1/2작은술
치킨파우더 … 1/2작은술
스리라차 … 1작은술
흑후추(갈은 후춧가루) … 1작은술

만들기°

1

소고기 안심은 한입 크기로 편 썰고 청피망, 홍피망, 양파는 사방 2cm 크기로 썰어준다.

2

소고기는 마리네이드 하여 잘 버무려서 20분간 숙성시킨다.(20쪽 참고)

3

분량의 재료를 섞어서 소스를 만든다.

4

팬에 식용유 1/2컵을 넣고 기름이 끓어오르면 2의 소고기를 넣어 부드럽게 익히고 기름기를 빼 놓는다.

5

달궈진 팬에 버터를 두르고 다진 마늘과 손질된 채소를 넣고 볶아 향을 낸 후 분량의 소스를 넣고 끓여준다.

6

익혀낸 소고기를 5에 넣고 물전분으로 농도를 잡아 버무려서 참기름을 넣어 완성한다.

Tip 아이들이 먹을 때는 후춧가루양을 조금 줄이고, 재료를 볶을 때 버터 1큰술을 더 넣어주면 풍미를 더 할 수 있다.

소고기 모듬채소 덮밥

고추잡채보다 더욱 다양한 채소가 들어가
건강함을 더한 채소 덮밥

준비하기° [2인분]

- 소고기 … 150g
- 양파 … 1/2개
- 피망 … 1/2개
- 파프리카 … 1/2개
- 죽순 … 50g
- 표고버섯 … 2개
- 새송이버섯 … 1/2개
- 셀러리 … 1/2대
- 대파 … 1/4대

양념

- 식용유 … 1큰술
- 다진 마늘 … 1/2작은술
- 다진 생강 … 1/4작은술
- 간장 … 1/2작은술
- 굴소스 … 1큰술
- 후춧가루 … 약간
- 참기름 … 약간

만들기°

1
양파, 피망, 파프리카, 죽순, 표고버섯, 새송이버섯, 셀러리, 대파를 채 썰어 준비한다.

2
소고기는 마리네이드 하여 잘 버무려서 20분간 숙성시킨다.(20쪽 참고)

3
프라이팬에 식용유 1/2컵을 넣고 끓어 오르면 **2**의 소고기를 넣어 부드럽게 익혀서 기름기를 빼 놓는다.

4
팬에 식용유를 두르고 다진 마늘, 다진 생강을 넣고 살짝 볶다가 간장을 넣어 향을 내준다.

5
1의 모든 재료를 넣고 굴소스와 후춧가루를 넣어 간을 맞추며 볶아준다.

6
재료가 잘 볶아지면 **3**의 소고기를 넣은 다음 30초 정도 더 볶고 참기름을 넣어 마무리한다.

Tip
- 소고기를 돼지고기나 닭고기로 변경할 수 있다.
- 당근, 부추, 시금치 등 기호에 맞는 재료들을 추가하여 다양하게 응용할 수 있다.

레몬 소스 치킨 스테이크 덮밥

상큼한 맛에 한 번, 치차의 건강함에 또 한 번 놀라는
오감만족 덮밥

준비하기 [2인분]

밥 … 1공기
닭다리살 … 2개(250g)
소금 … 1/4작은술
후춧가루 … 약간
레몬 … 5쪽
오이 … 1/4개
튀김기름 … 3컵
물전분 … 1큰술

튀김 반죽

감자 전분 … 1과 1/4컵(150g)
찹쌀 가루 … 1/3컵(50g)
베이킹 파우더 … 2작은술(10g)
물 … 3/4컵(160g)

레몬 소스

물 … 120g
레몬 … 1개 즙(약 25g)
설탕 … 2와 1/2큰술
소금 … 1/4작은술
치자 … 1개

Tip
- 치자물은 물 1컵에 치자 1알 비율로 넣는다. 물이 노랗게 우러나면 적당량 덜어 사용하면 편리하다.
- 새콤달콤한 레몬 소스가 곁들여진 치킨 스테이크는 중식 기본 볶은밥(52쪽 참고)에 곁들여 먹어도 좋다.
- 베이킹 파우더는 화학적 팽창제로 튀김반죽에 열이 가해지면 발효제 성분이 반응하여 튀김을 부풀어 속은 부드럽고 겉은 바삭하게 해주는 작용을 해준다. 베이킹 파우더를 사용하면 튀김이 눅눅해지지 않아 가정에서 튀김을 손쉽게 할 수 있다. 이 책에서는 제니코(JENICO)사의 제품을 사용하였다.

만들기

1 닭다리살은 오그라들지 않도록 넓게 편 썰어 칼등으로 두들겨주고, 오이와 레몬도 편 썰어 놓는다.

2 분량의 재료로 튀김 반죽을 만들어 놓는다.

3 분량의 재료로 레몬 소스를 만들고 치자 1개를 넣어 색깔을 내준다

4 넓게 펼쳐진 닭고기살에 소금과 후춧가루를 골고루 뿌려 살짝 밑간을 해주고 **2**의 튀김 반죽을 묻혀 튀김기름에 아지랑이가 피어오르면 바삭하게 튀겨낸다.

5 팬에 **3**의 소스를 넣고 끓인 후 물전분으로 농도를 잡아 부드럽게 레몬 소스를 만든다.

6 튀긴 닭고기는 먹기 좋게 스테이크 모양으로 밥 위에 얹고 레몬 소스를 부어 완성한다.

오렌지 치킨 덮밥

달콤한 소스, 상큼한 소스 그리고 바삭한 치킨의 환상적인 조합

준비하기° [2인분]

닭가슴살 … 2개(250g)
오렌지 과육 … 6쪽
말린 오렌지 껍질 … 8~10쪽
감자 전분 … 1컵
식용유 … 2작은술
다진 마늘 … 1/2작은술
무순이 … 약간
튀김기름 … 3컵

소스
토마토 소스(농축 토마토 액) … 3큰술
케첩 … 2큰술
설탕 … 1큰술
물 … 1큰술
간장 … 1작은술
스리라차 … 1작은술

만들기°

1

닭가슴살은 넓적하게 한입 크기로 편 썰고 오렌지 과육, 무순이를 준비하고 오렌지 껍질은 최대한 얇게 저며서 건조시켜 놓는다.

2

닭고기는 마리네이드 하여 잘 버무려 주고 분량의 재료를 골고루 섞어서 소스를 만들어 놓는다.(20쪽 참고)

3

2의 닭고기에 마른 감자 전분 한 컵을 넣어 골고루 묻혀 튀김옷을 만들어 준다.

4

팬에 튀김기름을 부어 아지랑이가 피어오르면 3을 넣고 바삭하게 튀겨낸다.

5

팬에 식용유를 두르고 다진 마늘과 건조된 오렌지 껍질을 넣고 볶아 향을 낸 후 2의 소스와 오렌지 과육을 함께 넣고 끓여준다.

6

소스가 끓어오르면 4의 잘 튀겨진 닭고기를 넣고 잘 버무려서 밥 위에 얹고 무순이로 장식한다.

Tip 오렌지 껍질은 필러를 사용해 최대한 얇게 벗겨 실온에서 하루 정도 건조시킨 것으로 요리에 볶아서 사용하면 상큼한 오렌지 향을 즐길 수 있다.

사천식 고추 새우 덮밥

우린 사천 스타일!
매콤한 소스에 새우를 볶아낸 사천식 새우 요리

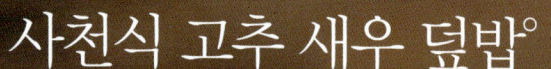

준비하기° [2인분]

알새우 … 25개(250g)
홍고추 … 1개
대파 … 1/4대
월남 마른 고추 … 8개
파프리카 … 1/2개
양파 … 1/4개
식용유 … 1/2컵
다진 생강 … 1/2작은술
다진 마늘 … 1작은술

소스

물 … 1큰술
간장 … 1/2큰술
설탕 … 1큰술
식초 … 1/2큰술
스리라차 … 1작은술
후춧가루 … 약간

만들기°

1 알새우는 물기를 제거하고 홍고추, 대파, 파프리카, 양파는 먹기 좋게 한입 크기로 썰어준다.

2 새우는 마리네이드 하여 잘 버무려 준다.(20쪽 참고)

3 팬에 식용유 1/2컵을 넣고 끓어오르면 **2**의 새우를 넣어 기름에 데치듯 부드럽게 익혀 놓는다.

4 분량의 재료를 골고루 섞어서 소스를 만들어 놓는다.

5 팬에 식용유를 두르고 월남 마른 고추, 대파, 다진 마늘, 다진 생강을 볶아 향을 낸 후 다른 채소들도 함께 넣어 볶아준다.

6 잘 볶아진 채소 위에 준비된 **4**의 소스를 넣어 끓인 다음 **3**의 새우를 넣고 잘 버무려 완성한다.

Tip 식용유 대신 고추기름 비중을 늘리고 마른 고추를 다져서 추가하면 더욱 맵고 화끈한 불맛을 느낄 수 있다.

중식 기본 볶음밥

일품 요리도 한 걸음부터.
당신을 요리사로 만들어 줄 덮밥의 기본

준비하기° [2인분]

- 밥 … 2공기(400g)
- 달걀 … 2개
- 대파 … 1/4대
- 식용유 … 3큰술
- 치킨파우더 … 1작은술
- 소금 … 1/2작은술
- 후춧가루 … 약간
- 참기름 … 1/2작은술

만들기°

1 달걀은 흰자와 노른자를 잘 섞고, 대파는 잘게 썰어 흰밥과 함께 준비한다.

2 달궈 놓은 팬에 식용유를 넣고 달걀물을 부어 스크램블을 만든다.

3 달걀이 뭉쳐졌을(80%) 정도 익었을 때 밥을 넣어 고루 섞어가며 볶아준다.

4 잘게 썬 대파를 넣고 볶다가 치킨파우더, 소금, 후춧가루를 넣어 간을 한다.

5 밥알이 서로 달라붙지 않게 노르스름해질 때까지 볶아준 후 참기름을 넣어 마무리한다.

Tip
- 볶음밥용 밥은 평소보다 물 양을 적게 잡고 지은 고두밥이 좋다.
- 밥을 볶을 때 버터 1/2큰술을 추가하면 더욱 풍미 가득한 볶음밥을 즐길 수 있다.

닭고기 마늘쫑 볶음밥

마늘쫑의 알싸함과 닭고기의 쫄깃함이 어우러진
저칼로리 볶음밥

준비하기° [2인분]

밥 … 2공기
달걀 … 2개
대파 … 1/4대
당근 … 1/3개(50g)
식용유 … 3큰술
치킨파우더 … 1/2작은술
소금 … 1/2작은술
후춧가루 … 약간
참기름 … 1/2작은술

부 재료

다진 닭고기 … 100g
마늘쫑 … 5줄기(80g)
식용유 … 1큰술

소스

물 … 2작은술
굴소스 … 2작은술
설탕 … 2작은술
노두유 … 2작은술
후춧가루 … 약간

만들기°

달걀은 흰자와 노른자를 잘 섞고 대파, 당근, 닭고기는 다지고 마늘쫑은 잘게 썰어 준비한다.

분량의 재료를 골고루 섞어서 소스를 만들어 놓는다.

달궈 놓은 팬에 식용유를 넣고 달걀물을 부어 스크램블을 만든다.

3에 흰 밥과 다진 대파, 당근을 넣고 볶다가 치킨파우더, 소금, 후춧가루를 넣어 간을 하여 잘 볶아 볶음밥을 완성한다.

팬에 식용유를 두르고 다진 닭고기를 볶아 익힌 후 마늘쫑을 함께 넣고 볶아준다.

5에 2의 소스를 넣어 소스가 스며들 때까지 잘 볶아주고 준비된 4의 볶음밥 위에 얹어 완성한다.

Tip
- 중식 기본 볶음밥(52쪽 참고) 위에 취향에 맞춘 재료를 넣고 볶으면 새로운 볶음밥이 탄생한다.
- 돼지고기, 소고기, 해물 등을 더하면 더욱 고급스러운 요리가 된다.

XO 소스 해물 볶음밥

가수 '엑소' 만큼이나 언제 어디서나 인기만점

준비하기° [2인분]

밥 … 2공기(400g)
알새우 … 8마리
게살 … 60g
식용유 … 3큰술
달걀 … 2개
대파 … 1/4대
홍피망 … 1/4개
청피망 … 1/4개
XO 소스 … 1큰술
치킨파우더 … 1/2작은술
소금 … 1/2작은술
참기름 … 1/2작은술
후춧가루 … 약간

만들기°

1 알새우는 끓는 물에 살짝 데쳐 익혀주고, 게살은 물기를 짜서 준비하고 달걀은 잘 섞이게 풀어준다. 대파, 청피망, 홍피망은 밥알 크기로 잘게 썬다.

2 달궈진 팬에 식용유를 두르고 달걀을 넣어 스크램블을 만든다.

3 달걀이 거의 다 익었을 때 밥을 넣어 섞어가며 볶아준다.

4 잘게 썬 대파와 청피망, 홍피망을 넣고 볶다가 XO 소스, 치킨파우더, 소금, 후춧가루를 넣어 간을 한다.

5 밥알이 서로 달라붙지 않게 볶아졌으면 준비된 새우와 게살을 넣어 한 번 더 볶고 참기름을 넣어 완성한다.

Tip 게살의 비린내가 싫다면, 생강, 대파를 넣고 끓인 물에 게살을 살짝 데쳐서 사용하면 게살 특유의 비린내가 사라진다.

마파두부 덮밥

우리나라에서도, 중국에서도 된장찌개처럼 친숙한 한 끼

준비하기° [2인분]

두부 … 1모
다진 돼지고기 … 100g
식용유 … 3큰술
다진 마늘 … 1작은술
다진 생강 … 1/4작은술
대파 … 1/4대
청고추 … 1개
홍고추 … 1개
두반장 … 1/2큰술
고추기름 … 1/2작은술
물전분 … 1큰술

소스

간장 … 1작은술
굴소스 … 1큰술
물 … 3/4컵
치킨파우더 … 1/2작은술
후춧가루 … 1/8작은술

만들기°

1 두부는 깍둑 썰기하고 대파, 청고추, 홍고추는 밥알 크기로 잘게 썰어 다진 돼지고기와 함께 준비한다.

2 분량의 재료를 골고루 섞어서 소스를 만든다.

3 달궈진 팬에 식용유를 두르고 다진 돼지고기를 볶다가 다진 마늘과 생강을 함께 볶아 잡내를 제거해준다.

4 3에 잘게 썬 대파, 청고추, 홍고추와 두반장을 넣고 더 볶아준다.

5 재료가 잘 볶아졌으면 2의 소스와 두부를 넣고 끓여준다.

6 5에 물전분을 넣고 골고루 잘 섞어 농도를 잡고 고추기름을 넣어 완성한다.

Tip
- 먹기 좋은 크기로 썬 두부는 끓는 물에 살짝 데쳐서 사용하면 두부의 겉표면이 수축되면서 쉽게 으스러지지 않는다.
- 매운맛을 더 내고 싶을 때는 식용유 대신 고추기름의 비중을 늘려서 사용한다.

짜사이 돼지고기 등심 덮밥

돼지 등에 올라탄 짜사이, 반찬보다 멋진 맛!

준비하기° [1~2인분]

밥 … 1공기(200g)
돼지고기 등심 … 100g
짜사이 … 1컵
홍고추 … 1개
양파 … 1/4개
대파 … 1/3대
마늘 … 3개
식용유 … 2큰술

소스

굴소스 … 1큰술
간장 … 1작은술
청주 … 1큰술
설탕 … 1/2작은술
참기름 … 1/2작은술
백후춧가루 … 약간

만들기°

돼지고기 등심, 양파, 홍고추는 채 썰어 준비하고 마늘, 대파는 다져서 준비한다.

짜사이는 흐르는 물에 여러 번 헹궈서 짠기를 뺀 후 체에 받쳐둔다.

돼지고기는 마리네이드 하여 팬에 볶는다.(20쪽 참고)

분량의 재료를 골고루 섞어서 소스를 만들어 놓는다.

팬에 기름을 두르고 대파, 마늘을 먼저 볶아 향을 낸 후 준비한 채소를 모두 넣고 볶는다. **4**의 소스를 넣고 볶는다.

5에 참기름을 넣고 준비해 놓은 밥 위에 올려 완성한다.

Tip 육류를 마리네이드 해서 기름에 재워두면 연육작용을 해서 부드럽게 즐길 수 있다.

아삭 오이 덮밥

먹을수록 시원하고 가벼워지는 오이의 맑은 기운이 가득!

준비하기° [1~2인분]

밥 … 1공기(200g)
오이 … 1/2개
달걀 … 1개
알새우 … 10마리
사천고추 … 5개
마늘 … 2개
대파 … 1/2대
소금 … 약간

소스

굴소스 … 1큰술
치킨파우더 … 1/2작은술
간장 … 1작은술
설탕 … 1작은술
고추기름 … 1작은술
참기름 … 1작은술
후춧가루 … 약간

만들기°

오이를 씨를 제거한 후 편 썰고, 대파와 마늘을 다진다.

밥, 달걀, 다진 대파를 준비한다.

달군 팬에 식용유를 두르고 달걀이 익기 시작하면 밥과 대파를 넣어 볶은 후 그릇에 담는다.

분량의 재료를 골고루 섞어서 소스를 만들어 놓는다.

팬에 기름을 두르고 다진 마늘과 대파, 사천고추를 볶아서 충분한 향을 낸다.

5에 알새우와 수분제거한 오이를 넣어 볶다가 **4**의 소스를 넣어 볶은 후 밥에 올려 완성시킨다.

Tip 오이의 식감을 살리려면 두껍게 썰어 소금으로 절여 수분을 제거하고 볶으면 더 아삭한 식감을 살릴 수 있다.

토마토 달걀 덮밥

완전식품 토마토와 달걀을 볶아 먹는 중국 가정식 한 끼

준비하기° [1~2인분]

밥 … 1공기(200g)
토마토 … 1~2개
달걀 … 3개
쪽파 … 3뿌리
다진 마늘 … 1작은술

소스

닭 육수 … 1/2컵
토마토 퓨레 … 1큰술
케첩 … 1작은술
치킨파우더 … 1큰술
설탕 … 1/2작은술
백후춧가루 … 약간

만들기°

토마토는 8등분하고 쪽파는 송송 썰어 준비한다.

그릇에 달걀을 풀어 팬에 엉키는(60%) 정도 익혀서 따로 준비한다.

팬에 기름을 두르고 쪽파와 다진 마늘을 넣고 볶다가 약불로 토마토, 토마토 퓨레, 케첩을 넣어 같이 볶아준다.

3에 닭 육수, 달걀, 치킨파우더, 설탕, 백후춧가루를 넣고 볶아서 밥 위에 얹어 완성한다.

 토마토가 덜 익었다면 전자렌지에 1분 30초 정도 가열해 사용하면 좋다.

어향 가지 덮밥

짜고, 달고, 시고, 매운 어향 소스의 중독성 있는 유혹

준비하기° [2인분]

밥 … 1공기(200g)
다진 돼지고기 … 50g
가지 … 1개
셀러리 … 1/3대
홍고추 … 1개
청피망 … 1/4개
양파 … 1/4개
대파 … 1/4대
다진 생강 … 약간
다진 마늘 … 약간
감자 전분 … 1컵
식용유 … 5컵(1L)
물전분 … 1큰술

소스
육수 … 1/2컵
두반장 … 1작은술
고추기름 … 1큰술
치킨파우더 … 1작은술
설탕 … 1큰술
식초 … 1큰술
참기름 … 1작은술
청주 … 1작은술
간장 … 1작은술
소금 … 약간

만들기°

1 가지는 채 썰고 홍고추, 청피망, 양파, 셀러리는 사방 0.5cm 크기로 썰어주며 다진 생강과 다진 마늘을 준비한다.

2 봉지에 가지와 감자 전분을 넣고 흔들어 튀김옷을 입힌다.

3 가지가 잠길 만큼 식용유를 붓고 아지랑이가 보이면 가지를 바삭하게 튀긴다.

4 팬에 고추기름을 두르고 준비해 둔 고기외 채소를 볶아주고 분량의 재료로 소스를 만들어 넣고 끓인다.

5 3의 가지를 넣고 볶다가 물전분으로 농도를 맞춘다.

6 5에 참기름을 뿌려주고 준비된 밥 위에 얹어 완성한다.

Tip 4의 과정에서 산초기름을 식용유 대신 활용해 볶아주면 사천요리의 특징인 얼얼하게 매콤한 맛이 배가 된다.

어향 육사 덮밥

달고, 시고, 맵고, 짠맛이 잘 어우러진 사천 요리의 대명사

준비하기° [1~2인분]

밥 … 1공기(200g)
돼지고기 등심 … 100g
죽순 … 20g
표고버섯 … 3개
양파 … 1/4개
당근 … 1/4개
불린 목이버섯 … 4개
대파 … 1/4대
마늘 … 3개

소스

고추기름 … 2큰술
갈릭 칠리 페이스트 … 1큰술
청주 … 1큰술
설탕 … 1큰술
식초 … 1큰술
참기름 … 1큰술
간장 … 1작은술
굴소스 … 1작은술
백후춧가루 … 약간

만들기°

1 돼지고기 등심, 죽순, 표고버섯, 양파, 당근, 대파, 불린 목이버섯은 4cm 길이로 채 썰고, 마늘과 생강은 다져서 준비한다.

2 채 썬 돼지고기 등심에 마리네이드 해서 팬에 볶아준다.(20쪽 참고)

3 분량의 재료를 골고루 섞어서 소스를 만들어 놓는다.

4 팬에 고추기름을 두르고 다진 마늘과 생강을 넣고 볶다가 **3**을 넣고 볶는다. 채 썬 채소와 고기를 넣어 볶는다.

5 **4**에 참기름을 넣어 준비된 밥 위에 얹어 완성한다.

- 캔에 담긴 죽순의 잡내를 없애려면, 끓는 물에 베이킹 소다를 넣고 5분간 삶는다.
- 갈릭 칠리 페이스트가 없다면 두반장으로 대체하여 사용한다.

깐풍 두부 튀김 덮밥

깐풍은 '센불에서 마르게 볶다'라는 의미로 부드러운 두부를 바삭하게 튀겨
새콤달콤하게 먹는 중국 광동성의 가정식

준비하기° [1~2인분]

밥 … 1공기(200g)
두부 … 1/2모
청피망 … 1/3개
홍피망 … 1/3개
브로콜리 … 3개
마늘 … 2개
대파 … 1/3대
사천고추 … 3개
감자 전분 … 1컵(튀김용)
식용유 … 3컵

소스

간장 … 1큰술
식초 … 1큰술
물 … 2큰술
청주 … 1작은술
설탕 … 1큰술
굴소스 … 1큰술
고추기름 … 1과 1/2큰술
후춧가루 … 약간
참기름 … 약간

만들기°

1. 두부는 사방 2cm 크기로 썰고, 청피망, 홍피망, 마늘, 대파는 다지고, 브로콜리는 한입 크기로 썰어 준비한다.

2. 봉지에 수분을 제거한 두부와 전분 1컵을 담아서 잘 섞어준다.

3. 가열된 기름에 두부를 넣어 딱딱하게 튀겨낸다.

4. 분량의 재료를 골고루 섞어서 소스를 만들어 놓는다.

5. 팬에 기름을 두르고 대파, 마늘, 사천고추, 청피망, 홍피망, 브로콜리를 넣고 볶은 후 3의 튀긴 두부와 4의 소스를 넣고 조린다.

Tip 두부가 단단해질 때까지 튀겨야 볶을 때 모양이 흐트러지지 않는다.

중국식 잡채 덮밥

굵은 당면에 시선이 절로!
굴소스 향 솔솔나는 중국식 잡채

준비하기° [1~2인분]

밥 … 1공기
중국 당면 … 반 줌(100g)
돼지고기 등심 … 50g
표고버섯 … 3개
양파 … 1/4개
당근 … 1/5개
죽순 … 20g
불린 목이버섯 … 3개
대파 … 1/3대
마늘 … 2개
전분 … 1컵
식용유 … 3큰술

소스

노두유 … 약간
굴소스 … 1큰술
백후춧가루 … 약간
설탕 … 1/2작은술
참기름 … 1작은술
청주 … 1큰술
간장 … 1작은술
닭 육수 … 1/2컵

만들기°

1 중국 당면은 찬물에 30분간 담궈서 불려준다.

2 모든 채소와 버섯은 채 썰고, 마늘, 대파는 다져서 준비한다.

3 고기는 채 썰어 마리네이드 한 후 기름에 볶아서 준비한다.(20쪽 참고)

4 분량의 재료를 골고루 섞어서 소스를 만들어 놓는다.

5 팬에 기름을 두르고 대파, 마늘을 넣어 향을 낸다. 모든 채소와 고기를 넣고 볶은 후 **4**의 소스를 넣어 볶는다. 마지막에 당면을 넣고 마무리한다.

Tip 중국 당면은 전분을 원료로 만들어 마른 면으로, 한국의 당면과 달리 두껍고 탱탱하다.

매콤한 닭고기 덮밥

닭과 채소를 매콤하게 볶아낸 라조기 덮밥

준비하기° [1~2인분]

밥 … 1공기(200g)
닭다리살 … 1개
양파 … 1/4개
피망 … 1/4개
죽순 … 30g
비타민 … 2개
양송이 … 3개
사천고추 … 5개
대파 … 1/3대
마늘 … 2개
생강 … 약간
물전분 … 1큰술
고추기름 … 1큰술

닭다리살 마리네이드

달걀 … 1개
전분 … 2큰술
식용유 … 1/2컵
간장 … 1/2큰술
산초가루 … 1작은술
노두유 … 약간

소스

닭 육수 … 1/2컵
두반장 … 1작은술
치킨파우더 … 1큰술
설탕 … 1작은술
간장 … 1작은술
백후춧가루 … 약간
참기름 … 약간

만들기°

1. 닭다리살은 껍질을 벗겨 4cm 길이로 채 썰어 분량의 마리네이드를 넣고 치댄 후 기름에 재워둔다.

2. 채소는 4cm 길이로 편 썰고, 마늘, 대파, 생강은 다져서 준비한다.

3. 팬에 기름을 두르고 닭다리살을 익혀준 후 기름을 빼준다.

4. 분량의 재료를 골고루 섞어서 소스를 만들어 놓는다.

5. 팬에 고추기름을 넣고 대파, 마늘, 생강, 사천고추로 향을 낸 후 채소와 닭을 넣고 볶다가 4의 소스를 넣고 볶는다.

6. 5에 물전분으로 농도를 맞춘 후 준비된 밥 위에 얹는다.

Tip 매콤한 맛을 더 내고 싶다면, 청양고추를 다져서 넣는다.

모듬버섯 영양 덮밥

건강한 버섯으로 밥을 덮고,
그 위에 또 건강한 채소를 덮어 만든 영양식

준비하기° [1~2인분]

밥 … 1공기
죽순 … 40g
물밤 … 5개
홍고추 … 1개
배추(흰 부분) … 1장
양송이버섯 … 3개
팽이버섯 … 1/3개
초고버섯 … 2개
표고버섯 … 3개
새송이 버섯 … 1/4개
청경채 … 1개
대파 … 1/3대
마늘 … 1개

소스

간장 … 1큰술
청주 … 1작은술
물전분 … 2큰술
닭 육수 … 1/2컵
굴소스 … 2큰술
설탕 … 1작은술
노두유 … 약간
참기름 … 1/2작은술
백후춧가루 … 약간

만들기°

1
채소와 버섯은 모두 편 썰고, 파, 마늘은 다지고, 홍고추는 어슷 썰기하여 준비한다.

2
끓는 물에 소금을 넣고 버섯, 배추, 청경채 순으로 데쳐서 체에 받쳐둔다.

3
분량의 재료를 골고루 섞어서 소스를 만들어 놓는다.

4
팬에 기름을 두르고 파, 마늘을 볶아서 향을 낸다. 2의 채소와 3의 소스를 넣어서 볶은 후 준비된 밥 위에 얹어 완성시킨다.

 Tip 버섯은 끓는 물에 한 번 데쳐 수분을 제거한 후 요리에 사용하면 특유의 쫄깃한 식감을 느낄 수 있다.

유산슬 덮밥

육류와 해산물을 가늘게 채 썰어 볶아 먹는 요리

준비하기 [1~2인분]

밥 … 1공기
돼지고기 등심 … 50g
새우 … 5마리
오징어 … 1/2마리
죽순 … 20g
표고버섯 … 3개
새송이버섯 … 1개
팽이버섯 … 한 줌
부추 … 약간
대파 … 1/3대
마늘 … 2개
생강 … 약간

소스
물전분 … 1큰술
간장 … 1작은술
청주 … 1큰술
닭 육수 … 1/2컵
굴소스 … 1과 1/2큰술
참기름 … 1작은술
설탕 … 1/2작은술
백후춧가루 … 약간

Tip
- 모든 재료는 끓는 물에 데친 후, 수분을 빼고 사용하면 조리시간을 단축시키고, 간도 잘 베이게 할 수 있다.
- 유산슬의 '유'는 물전분을 넣고 걸쭉하게 흐르다를, '산'은 세 가지 재료, '슬'은 채를 의미한다.

만들기

1 채소는 4cm 길이로 채 썰어 준비하고 오징어는 몸통만 채 썰고, 대파, 마늘, 생강은 다져서 준비한다.

2 돼지고기 등심은 0.2cm 크기로 채 썰어 마리네이드 하여 팬에 볶아준다.

3 팬에 기름을 두르고 대파, 마늘, 생강, 청주, 간장을 넣어 향을 낸 후 채소와 익힌 돼지고기, 오징어, 분량의 재료로 만든 소스를 함께 볶는다. 물전분으로 농도를 맞춘 후 팽이버섯과 부추를 넣어 마무리한다.

닭가슴살 셀러리 덮밥

다이어트에도 만점, 맛도 만점!

준비하기 [1~2인분]

밥 … 1공기
닭가슴살 … 1개
셀러리 … 1대
죽순 … 40g
배추(흰 부분) … 1장
사천고추 … 5개
쪽파 … 3뿌리
마늘 … 2개
생강 … 약간
간장 … 1큰술

청주 … 1작은술
물전분 … 2큰술
후춧가루 … 약간
참기름 … 약간

소스

닭 육수 … 1/2컵
치킨파우더 … 2큰술
설탕 … 1/3작은술
굴소스 … 1작은술

 Tip 닭의 비린내를 없애려면, 우유에 담갔다가 사용한다.

만들기

1

닭가슴살은 편 썰어 마리네이드 한다. 셀러리, 죽순, 배추는 편 썰고, 쪽파는 3cm 길이로 썰고, 마늘, 생강은 다져서 준비한다.(20쪽 참고)

2

팬에 기름을 두르고 마늘, 생강, 사천고추를 살짝 볶은 후 닭가슴살을 넣고 익을 때 쯤 셀러리와 죽순을 넣고 함께 볶아준다. 추가로 간장, 청주를 넣고 볶다가 분량의 소스 재료와 쪽파를 넣어 볶아준다.

3

2에 물전분을 넣어 농도를 조절하고 백후춧가루와 참기름으로 마무리하여 준비된 밥 위에 얹어 완성한다.

第 3 章

어디까지 먹어 봤니?
면요리

상하이 볶음 쌀국수

밀가루보다 식감은 뛰어나고, 열량은 낮은 다이어트 볶음면

준비하기° [2인분]

쌀국수 … 반 줌(불린 쌀국수 250g)
알새우 … 8개
양배추(잎) … 1/2장(60g)
청경채 … 2개
당근 … 30g
홍고추 … 1개
달걀 … 1개
식용유 … 1/2큰술
다진 생강 … 약간(1/4작은술)

소스

물 … 1/2컵
간장 … 1큰술
굴소스 … 1큰술
노두유 … 1작은술
설탕 … 1/2큰술
스리라차 … 1작은술

만들기°

1 쌀국수는 물에 불리고 양배추, 청경채, 당근, 홍고추는 먹기 좋은 크기로 썰어 달걀과 함께 준비한다.

2 팬에 식용유 2큰술을 두르고 달걀과 새우를 함께 잘 섞이도록 볶아서 따로 체에 걸러 놓는다.

3 분량의 재료를 섞어서 소스를 만든다.

4 달궈진 팬에 식용유를 두르고 다진 생강을 볶아 향을 내주고 물에 불린 쌀국수를 볶아가며 소스를 넣고 조린다.

5 소스가 조려지면 양배추, 청경채, 당근, 홍고추를 넣고 볶아준다.

6 잘 볶아진 쌀국수에 **2**의 재료를 넣고 볶아서 잘 버무려준다.

Tip
- 쌀국수는 따뜻한 물에 30분 정도 담가서 부드러워지면 사용한다.
- 1cm 넓이의 쌀국수가 볶음 요리에 적합하다.

홍콩식 볶음면(로메인)

다양한 채소와 고기 그리고 면을 볶다보면 우리집 식탁은 홍콩행

준비하기° [2인분]

생면 … 한 줌(180g)
돼지고기 … 100g
배추잎 … 2장
당근 … 1/5개
양파 … 1/3개
표고버섯 … 2개
셀러리 … 1/3개
숙주 … 한 줌
식용유 … 2큰술
다진 마늘 … 1작은술

소스

물 … 1과 1/2큰술
간장 … 1/2큰술
설탕 … 1/2큰술
치킨파우더 … 1/2작은술
노두유 … 1/2작은술

만들기°

1 생면은 끓는 물에 꼬들꼬들하게 삶아 건져서 식용유 2큰술을 넣고 버무려 코팅한다.

2 돼지고기와 모든 채소는 먹기 좋은 크기로 채 썰어 준비한다.

3 돼지고기는 마리네이드 하고, 팬에 식용유 1/3컵을 넣고 아지랑이가 피어오르면 돼지고기를 넣어 부드럽게 볶이 익혀 놓는다.(20쪽 참고)

4 분량의 재료를 섞어서 소스를 만든다.

Tip
- 끓는 물에 파스타의 안단테 (80%) 정도로 삶은 생면을 채로 건진다. 곧바로 식용유 2큰술을 넣고 골고루 잘 버무려서 식혀서 사용한다.

- 생면이 없을 때는 라면을 삶아 사용해도 무방하다.

5 팬에 식용유 2큰술을 두르고 다진 마늘을 볶아 향을 낸다. 손질된 채소와 표고버섯을 1의 생면과 함께 볶아준다.

6 재료가 살짝 볶아졌을 때 4의 소스와 3의 돼지고기를 넣어 소스가 잘 스며들도록 볶아준다.

단단 누들°

사천의 대표적인 국수 '딴딴미엔'을 현대식으로 표현한
매콤 담백한 퓨전 누들

준비하기° [2인분]

생면 … 한 줌(200g)
다진 닭가슴살 … 100g
오이 … 1/3개
숙주 … 80g
쪽파 … 약간
고수잎 … 약간
다진 마늘 … 1작은술
물전분 … 1과 1/2큰술
땅콩 분태 … 1큰술

소스

물 … 1컵
간장 … 1큰술
설탕 … 1큰술
치킨파우더 … 1작은술
노두유 … 1작은술
스리라차 … 1큰술

만들기°

1

생면은 끓는 물에 잘 삶아 그릇에 담는다.

2

닭가슴살은 다지거나 다진 것을 준비한다. 오이는 채 썰고 쪽파는 송송 썰어 숙주와 고수잎을 함께 준비한다.

3

분량의 재료를 섞어서 소스를 만든다.

4

달궈진 팬에 식용유를 두르고 다진 닭고기를 볶아주고 다 익을 때쯤 다진 마늘과 쪽파를 넣어 볶아 향을 내주다.

5
재료가 잘 볶아지면 **3**의 소스를 넣고 끓여 물전분으로 농도를 맞춘다.

6
삶아진 누들 위에 **5**의 소스를 얹어준다. 끓는 물에 숙주, 오이채, 고수잎, 땅콩 분태 등 기호에 맞게 장식(가니쉬)하여 완성한다.

 Tip 완성된 요리 위에 땅콩 분태와 추기름을 살짝 뿌리면 고소하고 매콤함이 배가된다.

토마토 치킨 쌀국수

낯설지만 너무 잘 어울리는 커플

준비하기° [2인분]

닭가슴살 … 1/2개(80g)
쌀국수(3mm) … 한 줌(200g)
숙주 … 한 줌
마른 표고버섯 … 2개
완숙 토마토 … 1개
쪽파 … 약간
고수잎 … 약간

육수

물 … 3컵
굴소스 … 1큰술
치킨파우더 … 1작은술
소금 … 1작은술
설탕 … 1/2작은술
식초 … 1큰술
스리라차 … 1큰술

만들기°

1 쌀국수는 따뜻한 물에 30분간 불리고, 완숙 토마토와 닭가슴살, 마른 표고버섯은 먹기 좋은 크기로 썰고, 쪽파와 고수잎은 장식(가니쉬)용으로 준비한다.

2 닭가슴살은 끓는 물에 살짝 삶아 결대로 찢어 준비한다.

3 냄비에 분량의 재료를 넣고 육수를 만든다.

4 육수가 끓어오르면 완숙 토마토와 마른 표고버섯, 2의 닭가슴살을 넣어 한 번 더 끓여 국물을 우려준다.

5 물에 불린 쌀국수는 끓는 물에 5초간 삶아 부드럽게 익혀 그릇에 담는다.

6 4의 육수를 쌀국수에 붓고 숙주, 쪽파, 고수잎를 곁들여 완성한다.

Tip
- 닭가슴살은 끓는 물에 살짝 데쳐서 사용하면 국물이 탁해지지 않고 닭가슴살의 부드러움을 유지할 수 있다.
- 마른 표고버섯은 뜨거운 물에 한 시간 정도 담가 흐물흐물 해지면 물기를 제거해 사용한다.

매운 해물 쟁반 짜장

오늘만큼은 특별한 짜장! 청양고추의 매운맛이 식욕을 돋우는
색다른 해물 쟁반 짜장

준비하기° [2인분]

생면 … 두 줌(400g)
다진 돼지고기 … 100g
오징어 … 1/2마리
알새우 … 8마리
부추 … 약간
다진 생강 … 1작은술
청양고추 … 2개
양파 … 2개
호박 … 1/5개
춘장 … 3큰술
물전분 … 2큰술

양념

물 … 1과 1/2컵
간장 … 1큰술
설탕 … 1큰술
치킨파우더 … 1큰술
연두 청양초 … 1/2큰술

만들기°

1 양파와 호박은 깍둑 썰기하고 돼지고기와 생강, 청양고추는 잘게 썰어 부추와 함께 준비한다.

2 오징어는 껍질을 벗겨 한입 크기로 썰고 알새우도 준비한다.

3 달궈진 팬에 식용유를 두르고 돼지고기를 살짝 볶은 후 다진 생강과 청양고추를 함께 넣고 볶아서 향을 낸다.

4 3의 고기가 익으면 양파와 호박을 넣어 충분히 익혀주고 볶은 춘장을 넣어 잘 섞어준다.

Tip • 춘장 볶기
춘장과 식용유의 양은 1:1로 한다. 식용유를 두른 팬에 춘장을 넣고 2분 정도 볶아 기름은 따라내고 춘장만 사용한다.

• 돼지고기는 삼겹살이나 목심 부위를 다진 고기로 구입하여 사용하면 쉽다.

5 4에 물 1컵을 붓고 간장, 설탕, 치킨파우더를 넣어 간을 맞춘다. 기호에 따라 연두 청양초를 넣어 매콤한 맛을 더 살려준다. 2의 오징어와 알새우를 넣고 끓여준다.

6 생면을 잘 삶아서 씻은 다음 볶아놓은 5의 짜장소스에 면을 넣고 잘 버무리고 물전분으로 농도를 맞추어 완성한다. 기호에 맞게 부추를 함께 곁들인다.

사천탕면

사천 지방에서만 맛볼 수 있는 매콤함을 찾는 이들에게 안성맞춤

준비하기° [2인분]

- 생면 … 한 줌(200g)
- 모시조개 … 6개
- 오징어 … 1/3마리
- 알새우 … 6마리
- 양파 … 1/3개
- 배추잎 … 1장
- 호박 … 1/5개
- 죽순 … 30g
- 불린 목이버섯 … 2개
- 식용유 … 1큰술
- 다진 마늘 … 1작은술
- 다진 생강 … 1/2작은술
- 청양고추 … 1개
- 마른 고추 … 6개

양념
- 물 … 2컵
- 치킨파우더 … 1/2큰술
- 소금 … 1작은술
- 후춧가루 … 약간
- 참기름 … 약간

만들기°

1 채소는 채 썰어 준비하고 물에 불린 목이버섯은 먹기 좋게 썬다.

2 모시조개는 소금물에 담가 해감을 하고 오징어는 껍질을 벗겨 한입 크기로 썰어 알새우와 함께 준비한다.

3 생면은 잘 삶아서 찬물에 헹군 뒤 다시 뜨거운 물에 데쳐서 그릇에 담는다.

4 달궈진 팬에 식용유를 두르고 다진 마늘, 다진 생강, 청양고추, 마른 고추를 넣고 볶아서 매콤한 향을 내준다

5 채 썰은 채소를 넣고 볶아가며 충분히 익혀준 후 물과 치킨파우더, 소금, 후춧가루로 간을 맞추고 **2**의 손질된 해물을 넣고 끓여준다.

6 육수가 보글보글 끓어오르면 참기름을 넣고 **3**의 면 위에 부어 완성한다.

Tip 생면은 끓는 물에 잘 삶아서 찬물에 여러 번 씻어 전분기를 없애고 탄력 있게 만든다. 단, 먹기 직전 뜨거운 물에 한 번 데쳐서 그릇에 담는다.

중국식 냉면

시원한 중국식 닭 육수에 고소한 땅콩버터가 어우러진
특별한 맛으로 더위 탈출

준비하기° [2인분]

생면 … 한 줌(200g)
해파리 … 60g
알새우 … 5마리
오징어 … 1/4마리(60g)
당근 … 약간
오이 … 약간
달걀 … 1개
불린 목이버섯 … 약간

냉면 육수

닭 육수 … 3컵
치킨파우더 … 1큰술
간장 … 1큰술
설탕 … 2큰술
식초 … 1큰술
소금 … 1/4작은술

땅콩 소스

땅콩버터 … 1큰술
물 … 2큰술

만들기°

1 분량의 재료로 냉면 육수를 만들어 살얼음이 생기도록 살짝 얼려 놓는다.

2 해파리는 끓는 물에 살짝 삶아 부드러워 질 때까지 찬물로 헹궈 소금기를 빼주고 오징어는 채 썰어 새우와 함께 끓는 물에 데쳐서 차갑게 준비해 놓는다.

3 달걀은 시딘으로 부치고 물에 불린 목이버섯, 당근, 오이는 채 썬다.

4 분량의 재료를 섞어서 땅콩 소스를 만든다.

5 생면은 끓는 물에 삶아서 찬물로 헹군 다음 그릇에 담는다.

6 손질한 해산물과 채소를 면 위에 가지런히 올리고 차게 보관한 **1**의 냉면 육수를 붓고 **4**의 땅콩 소스를 곁들인다.

Tip 육수는 닭 육수를 사용하고 살얼음이 생기도록 냉동실에 얼려서 여름철 시원하게 즐길 수 있도록 준비한다.

해물 볶음 짬뽕

국물 없는 짬뽕의 정석

준비하기° [2인분]

- 생면 … 한 줌(200g)
- 청경채 … 2개
- 양파 … 1/3개
- 호박 … 1/5개
- 죽순 … 30g
- 목이버섯 … 1개
- 대파 … 약간
- 오징어 … 1/3마리
- 중새우 … 4마리
- 홍합 … 6개
- 식용유 … 1과 1/2큰술
- 다진 마늘 … 1작은술
- 다진 생강 … 1/4작은술
- 두반장 … 1작은술
- 고운 고춧가루 … 1큰술
- 물전분 … 1과 1/2큰술

양념

- 물 … 1컵
- 치킨파우더 … 1/2작은술
- 굴소스 … 1/2큰술
- 설탕 … 1/2작은술
- 소금 … 약간
- 후춧가루 … 약간
- 참기름 … 1작은술

만들기°

1 양파, 호박, 죽순, 대파는 채 썰고, 목이버섯은 뜨거운 물에 담가 불린 뒤 청경채와 함께 먹기 좋게 썬다.

2 오징어는 안쪽에 칼집을 넣어 채 썰고, 새우는 등 부분의 내장을 제거하고 손질하여 홍합과 함께 준비한다.

3 팬에 식용유를 두르고 다진 마늘, 다진 생강, 대파를 두반장과 함께 볶아 향을 내준다.

4 3에 1의 채소를 넣어 볶으면서 고춧가루를 넣고 채소에 잘 흡수되도록 볶는다.

5 4에 물을 붓고 2의 해물을 넣어 끓여준다. 육수가 잘 끓어오르면 분량의 물, 치킨파우더, 굴소스, 설탕, 소금, 후춧가루를 넣어 양념한다.

6 5에 생면을 잘 삶아서 찬물로 헹군 면을 넣고 물전분으로 농도를 맞춘 후 참기름을 넣어 완성한다. 기호에 맞게 부추를 함께 곁들여도 좋다.

Tip 생면은 소스에 한 번 더 볶기 때문에 살짝 덜 삶아서 찬물에 씻어 물기를 빼놓는다.

가위면

가위로 자른 면발은 어떤 맛일까?

준비하기° [1~2인분]

표고버섯 … 3개
양파 … 1/4개
청경채 … 1개
죽순 … 40g
마늘 … 3개
생강 … 1개
쪽파 … 3뿌리
대파 … 1/2대
팔각 … 1개
간장 … 1작은술
청주 … 1작은술
고수 … 약간

육수
아롱사태 … 200g
대파 … 1/2대
마늘 … 1개
생강 … 1개
물 … 7컵(1.5L)

면 반죽
중력분 … 2와 1/2컵(300g)
미지근한 물 … 2/3컵(150g)
소금 … 한 꼬집(1g)

소스
산초기름 … 1큰술
고추기름 … 2큰술
치킨파우더 … 1큰술
연두 청양초 … 1큰술
두반장 … 1과 1/2큰술
소금 … 약간
백후춧가루 … 약간

Tip
- 면을 만들 때 반죽이 너무 질면 가위에 달라붙기 때문에 물을 조금씩 넣어가면서 반죽한다.
- 밀가루 반죽을 할 때 여름에는 온도가 높아 빠르게 숙성되고 퍼지기 때문에 수분을 적게 넣고, 겨울철은 온도가 낮기 때문에 수분을 조금 더 넣어 맞춘다.

만들기°

1 끓는 물에 분량의 육수 재료를 넣고 30분 정도 끓여서 육수를 낸다.

2 양파, 죽순, 표고버섯은 편 썰고 청경채는 4등분하여 준비한다. 파, 마늘, 생강은 다지고 쪽파는 흰 부분만 준비한다.

3 볼에 분량의 면 반죽 재료를 넣어 20분간 치댄 후 삼각형 모양으로 반죽한다.

4 냄비에 물을 끓여 **3**의 반죽을 가위로 잘라서 넣고 익힌다.

5 팬에 고추기름과 산초기름을 두르고 마늘, 생강, 쪽파, 대파, 팔각, 간장, 청주를 넣고 볶다가 두반장과 연두 청양초를 넣어 볶아준다.

6 **1**의 육수에서 아롱사태를 꺼내 사방 2cm 크기로 썰어 그릇에 담고, 남은 육수와 **5**를 넣고 치킨파우더, 백후춧가루, 소금으로 간을 한다. 그릇에 면을 담고 청경채와 고수를 얹어 완성한다.

고양이 귀면

면 모양이 고양이 귀를 닮아 이름이 붙여진 요리

준비하기° [1~2인분]

갈은 돼지고기 … 100g
양파 … 1/2개
셀러리 … 1대
죽순 … 30g
표고버섯 … 3개
대파 … 1/3개
다진 마늘 … 1큰술
다진 생강 … 1/2작은술

면 반죽
밀가루(중력분) … 2와 1/2컵(300g)
소금 … 한 꼬집(3g)
미지근한 물(50도) … 2/3컵

소스
고추장 … 1큰술
설탕 … 1큰술
굴소스 … 1작은술
두반장 … 1작은술
간장 … 1작은술
후춧가루 … 약간
산초기름 … 1큰술
청주 … 1작은술
참기름 … 1작은술
노두유 … 약간

만들기°

1 볼에 분량의 면 반죽 재료를 넣어 반죽한다.

2 채소는 사방 2cm 크기로 썰어서 준비한다.

3 볼에 갈은 돼지고기, 다진 마늘, 다진 생강과 분량의 재료로 만든 소스를 넣고 치대준다.

4 1의 숙성된 반죽을 두께 5mm 정도로 넓게 밀고 가로세로로 1cm로 잘라서 엄지 손가락으로 둥글게 밀어주다.

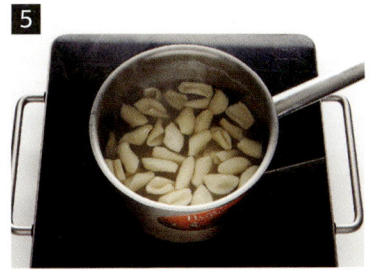

5 끓는 물에 4의 면을 삶아 체에 받쳐준다.

6 팬에 기름을 두르고 3을 볶은 후 모든 채소와 면을 넣고 함께 볶는다.

Tip 면 반죽 후 발효 시간을 줄이기 위해 미지근한 물을 사용한다.

파기름 비빔면

파의 맵고 자극적인 맛이 향긋함이 가득한 감칠맛으로 변신!

준비하기 [1~2인분]

- 중국 당면 … 반 줌(100g)
- 오이 … 1/2개
- 쪽파 … 3뿌리
- 팔각 … 1개
- 생강 … 1개
- 청양고추 … 2개

소스
- 파기름 … 1/2컵
- 참기름 … 1작은술
- 치킨파우더 … 1큰술
- 소금 … 약간
- 간장 … 1작은술
- 설탕 … 1작은술
- 마른 고추 후레이크 … 약간

만들기

1

넓적 당면은 물에 1시간 정도 미리 불려서 끓는 물에 데친 후 찬물에 헹궈 체에 받쳐 준비한다.

2

쪽파는 송송 썰고, 오이는 가운데 씨를 빼고 어슷 썰고, 생강과 청양고추는 채 썰어 준비한다.

3

팬에 파기름을 넣고, 팔각과 생강으로 향을 낸 후 쪽파, 청양고추, 치킨파우더, 소금, 간장, 설탕을 넣고 끓여준다.

4

1의 당면을 오이와 섞어 그릇에 담은 후 3의 소스를 부어 비벼준다.

5

마른 고추 후레이크와 참기름을 얹어 완성한다.

 Tip 파기름의 향을 진하게 내고 싶다면, 파를 더 넣어 한 번 더 끓여준다.

돼지고기 당면 볶음

'마이 상수'라는 사천 요리. 개미가 나무를 타고 올라가는 모양을 딴 이름의 중국 가정식

준비하기° [1~2인분]

갈은 돼지고기 … 50g
중국 당면 … 반 줌(100g)
대파 … 1/2대
마늘 … 2개
사천고추 … 5개
고추기름 … 1큰술
파기름 … 1큰술
간장 … 1작은술
청주 … 1작은술

소스

굴소스 … 1작은술
두반장 … 1큰술
치킨파우더 … 1작은술
백후춧가루 … 약간
참기름 … 1작은술
식용유 … 2큰술
닭 육수 … 1/2컵
설탕 … 1작은술

만들기°

1

당면을 미리 물에 불려 놓고 대파, 마늘은 다져서 준비한다.

2

팬에 갈은 돼지고기를 넣고 핑크빛이 없어질 때까지 볶은 후 다른 접시에 옮긴다.

3

분량의 재료를 골고루 섞어서 소스를 만들어 놓는다.

4

팬에 고추기름과 파기름을 두르고, 대파, 마늘, 간장, 청주로 향을 내고, 사천고추, **2**의 볶은 고기, **3**의 소스를 넣고 볶아준다.

5

4에 당면을 넣고 재빠르게 볶아낸다.

 Tip 중국 당면은 일반 당면의 2배의 굵기로 물에 30분 정도 불려서 사용한다. 따로 빼놓는 돼지고기는 핑크빛이 없어질 때까지 볶는다.

완탕면°

라면처럼 친숙한 중국 길거리 음식의 대명사

준비하기° [1~2인분]

중화면 … 반 줌(100g)
알새우 … 40마리
감자 전분 … 5큰술
쪽파 … 3뿌리
달걀 … 1개
갈은 돼지고기 A 지방 … 1큰술
생강 … 약간

육수

닭 육수 … 3컵
간장 … 1/2작은술
치킨파우더 … 1큰술
백후춧가루 … 약간

피 반죽

중력분 … 2와 1/2컵(300g)
물 … 3/4컵(160g)
소금 … 한 꼬집

소스

치킨파우더 … 1작은술
굴소스 … 1작은술
설탕 … 1작은술
백후춧가루 … 약간
청주 … 1작은술
파기름 … 1작은술

만들기°

1. 쪽파는 4cm 길이로 썰고, 생강은 곱게 다지며, 새우는 씻은 후 수분을 제거한다.

2. 분량의 피 반죽 재료를 반죽하여 20분간 숙성시킨다.

3. 볼에 새우, 생강, 달걀과 분량의 소스 재료를 넣고, 새우가 으깨지도록 치댄 후 마지막에 감자 전분 넣어 치대어 소를 완성한다. **2**의 피를 밀고 사각으로 잘라 소를 넣고 모양을 만든다.

4. 끓는 물에 중화면을 삶아 체에 건져 그릇에 담고, **3**의 완자를 넣어 익혀준다.

5. 분량의 재료로 육수를 만들어 간을 한 후 그릇에 면, 육수, 완자, 쪽파 순으로 담아서 완성한다.

Tip 새우는 전분과 굵은 소금으로 비벼 씻으면 살이 더 탱탱해지면서 잡내가 없어진다.

第 4 章

중국 문화를 요리에 담다,
일품요리

찹쌀 탕수육

겉은 바삭하고 속은 쫀득한 식감의 만다린식 탕수육

준비하기° [2인분]

돼지고기 등심 … 250g
식용유 … 1작은술
다진 생강 … 1/2작은술
튀김기름 … 4컵

튀김 반죽
감자 전분 … 1과 1/4컵(150g)
찹쌀 가루 … 1/3컵(50g)
베이킹 파우더 … 2작은술(10g)
물 … 3/4컵(160g)

칠리소스
두반장 … 1작은술
식초 … 1큰술
물 … 3큰술
설탕 … 4큰술
케첩 … 5큰술

만들기°

1 돼지고기 등심은 4x5cm 크기로 0.5cm 두께로 썰어 칼등으로 살짝 두들겨 준비한다.

2 분량의 재료를 골고루 섞어서 튀김 반죽을 만들어 1의 돼지고기를 버무린다.

3 분량의 재료를 골고루 섞어서 소스를 만들어 놓는다.

4 2의 튀김 반죽을 입힌 돼지고기를 가열한 기름에 하나씩 넣어 바삭하게 튀긴다.

5 뜨거운 팬에 식용유를 두르고 다진 생강을 볶아 향을 내주고 3의 소스를 넣고 끓여준다.

6 5에 바삭하게 튀긴 4의 돼지고기를 넣고 버무려 완성한다.

 Tip
- 튀김을 한 후 튀김기름은 식혀서 밀폐하여 그늘진 곳에 보관하면 산패를 막아 재사용이 가능하다.
- 가장 적정한 튀김 온도는 170~180도로, 소량의 튀김 반죽을 넣었을 때 2초 후에 반죽이 떠오르면 튀김하기에 좋다.

허니 갈릭 쉬림프°

바삭하게 튀겨낸 새우를 새콤달콤한 마늘향 허니 소스로 버무린
인기 메뉴

준비하기° [2인분]

알새우 … 150g
쌀국수(1mm) … 20g
홍피망 … 1/4개
식용유 … 1작은술
다진 마늘 … 1작은술
튀김기름 … 3컵
물전분 … 1큰술

튀김 반죽

감자 전분 … 1과 1/4컵(150g)
찹쌀 가루 … 1/3컵(50g)
베이킹 파우더 … 2작은술
물 … 3/4컵(160g)

소스

간장 … 1큰술
꿀 … 1큰술
식초 … 2큰술
설탕 … 2큰술
물 … 5큰술

만들기°

1 알새우는 물기를 제거하고, 홍피망은 쌀알 크기로 썰고, 쌀국수와 함께 준비한다.

2 분량의 재료를 골고루 섞어서 튀김 반죽을 만들고 알새우를 넣어 잘 버무린다.

3 분량의 재료를 골고루 섞어서 소스를 만들어 놓는다.

4 기름에 아지랑이가 피어오르면 튀김 반죽을 입힌 **2**의 새우를 하나씩 넣어 바삭하게 튀긴다.

 Tip 쌀국수는 1mm 로 준비하고 튀김기름이 끓어오르면 조금씩 넣어 튀겨준다.

5 뜨거운 팬에 식용유을 두르고 다진 마늘을 볶아 향을 낸 후 준비된 **3**의 소스를 넣고 소스가 끓어오르면 물전분으로 농도를 맞춘다.

6 쌀국수는 뜨거운 기름에 튀겨 접시에 담고 위에 바삭하게 튀긴 새우를 올려 **5**의 소스를 뿌려 완성한다.

레몬 마늘향 왕새우 스테이크

바삭하게 구워낸 왕새우에 새콤한 갈릭 소이 소스를 곁들인 새우 요리

준비하기° [2인분]

왕새우(대하) … 4마리
대파 … 1/5대
청피망 … 1/5개
홍피망 … 1/5개
레몬 슬라이스 … 4쪽
다진 마늘 … 1작은술
물전분 … 1작은술

소스

물 … 2큰술
굴소스 … 1작은술
식초 … 2작은술
간장 … 1큰술
설탕 … 1큰술
후춧가루 … 약간

만들기°

1 왕새우는 껍질이 있는 채로 등을 가르고 대파, 마늘, 청피망, 홍피망은 쌀알 크기로 다지고, 레몬은 슬라이스해서 준비한다.

2 등을 가른 왕새우에 마른 감자 전분을 골고루 묻혀준다.

3 튀김기름에 아지랑이가 피어오르면 2의 왕새우를 노릇하게 튀겨낸다.

4 분량의 재료를 골고루 섞어서 소스를 만든다.

 Tip 왕새우의 등을 갈라 마른 감자 전분을 넉넉히 묻히고 비닐을 씌워 냉장고에 30분 정도 보관 후 사용하면 냉장고 안의 습도에 의해 마른 전분이 코팅 되면서 왕새우를 휘어지지 않게 튀길 수 있다.

5 팬에 식용유를 두르고 1의 다진 채소를 넣고 볶다가 4의 소스를 넣고 끓인다.

6 소스가 끓어오르면 물전분으로 농도를 살짝 잡고 바삭하게 튀겨낸 새우에 뿌려 완성한다.

어향 표고 떡갈비

양념된 떡갈비와 향긋한 표고버섯이 만나면?

준비하기° [2인분]

다진 소고기 … 200g
표고버섯 … 6개
파프리카 … 1/5개
양파 … 약간
대파 … 약간
셀러리 … 약간
다진 마늘 … 1작은술
식용유 … 3컵

떡갈비 양념

간장 … 1작은술
설탕 … 1/2작은술
다진 마늘 … 1/2작은술
다진 파 … 1큰술
후춧가루 … 약간
참기름 … 약간

소스

물 … 4큰술
간장 … 2큰술
식초 … 1과 1/2큰술
설탕 … 2큰술
두반장 … 1작은술
굴소스 … 1작은술
후추가루 … 약간

만들기°

소고기는 잘게 다지고 파프리카, 양파, 대파, 셀러리는 쌀알 크기로 잘게 썰어 표고버섯과 함께 준비한다.

다진 소고기에 분량의 떡갈비 양념 재료를 넣어서 치대준다.

표고버섯 윗 부분은 잘라 뚜껑을 만들고, 양념된 2의 떡갈비를 표고버섯 안에 채우고 뚜껑을 덮고 마른 전분을 골고루 묻혀준다.

분량의 재료를 골고루 섞어서 소스를 만든다.

Tip 표고버섯에 떡갈비를 채워 튀길 때 표고버섯을 달걀 흰자에 살짝 담근 후 마른 전분을 묻혀 튀기면 마른 전분이 떨어지지 않아 바삭하게 튀겨 낼 수 있다.

프라이팬에 식용유 3컵을 붓고 아지랑이가 피어오르면 3의 표고를 넣고 바삭하게 튀겨준다.

팬에 식용유를 두르고 파프리카, 양파, 대파, 셀러리를 넣어 볶다가 만들어 놓은 4의 소스를 넣고 끓으면 5의 표고버섯을 넣고 잘 버무려 완성한다.

삼선 해물 누룽지탕

밥솥의 누룽지가 아니다! 누룽지의 화려한 변신!

준비하기° [2인분]

새우 … 5마리
오징어살 … 1/2마리
관자 … 2개
죽순 … 1/4개
양송이 … 2개
표고버섯 … 3개
청경채 … 1개
브로콜리 … 4개
누룽지 … 4개
물전분 … 3큰술

양념

식용유 … 1큰술
다진 마늘 … 1작은술
다진 생강 … 1/2작은술
닭 육수 … 2와 1/2컵
굴소스 … 3큰술
소금 … 1/2작은술
참기름 … 1작은술
후춧가루 … 약간

만들기°

1 죽순, 양송이, 표고버섯은 편 썰고 브로콜리와 청경채는 한입 크기로 썰어 누룽지와 함께 준비한다.

2 오징어는 안쪽에 칼집을 넣어 먹기 좋은 크기로 자르고 관자와 새우는 내장을 빼서 손질해 놓는다.

3 팬에 식용유를 두르고 뜨거워지면 다진 마늘, 다진 생강을 넣어 볶다가 준비한 1의 채소를 넣고 볶아준다.

4 재료가 어느 정도 볶아지면 닭 육수와 2의 해물을 넣고 굴소스, 소금, 후춧가루 등으로 간을 맞춘다.

5 육수가 끓어오르면 물전분을 조금씩 풀어 농도를 맞추고 참기름으로 마무리한다.

6 누룽지는 기름에 바삭하게 튀겨서 그릇에 담고 5의 탕을 부어 완성한다.

> **Tip** 누룽지는 고온에서 튀겨야만 바삭하게 잘 부푼다. 바삭하게 튀겨 완성된 탕을 부어주면 지글지글 소리가나며 맛있게 즐길 수 있다.

호두 크림 새우

달콤 부드러운 크림 소스와 바삭한 새우의 만남

준비하기° [2인분]

알새우 … 20마리
호두 … 15알
감자 전분 … 1/2컵
튀김기름 … 3컵

크림 소스

생크림 … 1/2컵(100g)
설탕 … 1/2컵(50g)
마요네즈 … 1/2컵(100g)
레몬(즙) … 1/2개

호두 빠스

호두 … 15개
설탕 … 1과 1/2컵
물 … 3컵
튀김기름 … 3컵

만들기°

1

알새우는 물기를 제거하고 소스에 들어갈 생크림, 설탕, 마요네즈, 레몬즙을 호두와 함께 준비한다.

2

알새우는 마리네이드 하고 감자 전분 1/2컵을 골고루 묻혀 튀김옷을 만든다.(20쪽 참고)

3

팬에 튀김기름을 넣고 아지랑이가 피어오르면 2의 새우를 넣고 바삭하게 튀긴다.

4

볼에 생크림을 휘핑해서 크림을 만들고 설탕과 마요네즈, 레몬즙을 넣어 크림 소스를 만든다.

 Tip 호두 빠스 만들기

1. 끓는 물 3컵, 설탕 1과 1/2컵을 넣고 설탕물을 만든다.
2. 호두 15개를 설탕물에 넣고 5분간 졸인 후 건진다.
3. 설탕물에 졸인 호두를 150도의 기름에 3분 정도 바삭하게 튀긴다.
4. 충분히 식혀준 후 상온에 보관하여 사용한다.

5

분량의 재료로 호두 빠스를 만든다.

6

잘 튀겨진 새우와 4의 소스를 버무리고 호두 빠스를 얹어 완성한다.

황금 탕수육

탕수육이 견과류를 입었다. 맛과 영양 가득 품은 황금 탕수육

준비하기° [2인분]

돼지고기 등심 … 200g
양파 … 1/4개
오이 … 1/5개
파인애플 … 10조각
목이버섯 … 2개
물전분 … 2큰술

튀김 반죽

감자 전분 … 1과 1/4컵(150g)
견과류 믹스(캐슈너트, 아몬드, 땅콩) … 60g
밀가루 … 2큰술(30g)
식용유 … 2큰술
물 … 3/4컵(150g)

소스

간장 … 1큰술
식초 … 2큰술
설탕 … 3큰술
물 … 5큰술

만들기°

돼지고기는 먹기 좋은 크기의 막대모양으로 썰고, 견과류 믹스는 다지고, 오이, 양파, 파인애플, 목이버섯은 한입 크기로 썬다.

분량의 재료를 골고루 섞어서 튀김 반죽을 만들고 다진 견과류 믹스를 혼합한다.

분량의 재료를 골고루 섞어서 소스를 만든다.

돼지고기에 2의 튀김 반죽을 입히고 기름에 아지랑이가 피어오르면 하나씩 넣어 황금색이 날 때까지 바삭하게 튀긴다.

뜨거운 팬에 식용유를 두르고 양파, 오이, 파인애플을 넣고 볶아 향을 내고 3의 소스를 넣고 물전분으로 농도를 잡아준다.

바삭하게 튀긴 탕수육을 접시에 담고 5의 소스를 부어 완성한다.

- 돼지고기를 썰 때는 결 반대 방향으로 썰어야 질겨지지 않는다.
- 사과, 배, 포도 등 기호에 맞는 과일을 추가하면 탕수육 소스의 풍미가 더욱 풍부해진다.

상해식 왕새우 리조또

돼지고기와 왕새우가 만나 상해식 트위스트

준비하기° [2인분]

왕새우 … 5~6마리
흰밥 … 1/2공기(100g)
다진 돼지고기 … 150g
쪽파 … 약간
물 … 1컵

양념

굴소스 … 2큰술
두반장 … 2작은술
다진 마늘 … 1/2큰술
고추장 … 2작은술
고춧가루 … 2작은술
설탕 … 1작은술
고추기름 … 3큰술
큐민 가루 … 1작은술

만들기°

1 왕새우는 껍질이 있는 채로 등을 갈라서 내장과 물기를 제거하고, 돼지고기는 다지고, 쪽파는 잘게 썰어 흰밥과 함께 준비한다.

2 물기가 제거된 왕새우는 170도의 뜨거운 기름에 한 번 튀겨 놓는다.

3 다진 고기에 분량의 양념 재료를 골고루 섞어서 돼지고기 양념을 만들어 놓는다.

4 달궈진 팬에 **3**의 돼지고기 양념과 쪽파를 넣고 볶아 익혀준다.

5 **4**에 물 1컵을 넣고 흰밥 1/2공기와 튀겨 놓은 왕새우를 넣고 소스가 흡수될 때까지 볶아준다.

 Tip 왕새우를 넣고 밥과 함께 볶을 때 왕새우 골수의 향이 잘 어우러지게 볶아야 중화풍 리조또의 맛을 즐길 수 있다. 왕새우를 손질할 때 머릿속에 골수를 제거하지 않는다.

통마늘 관자볶음

달달하고 쫄깃한 조개와 알싸하고 건강한 마늘의 콜라보

준비하기° [2인분]

키조개 관자 … 6개
마늘 … 6개
셀러리 … 1대
마른 고추 … 8개
식용유 … 1작은술
튀김기름 … 3컵
XO 소스 … 1/2큰술
물전분 … 1작은술

양념

물 … 1/4컵
굴소스 … 1/2큰술
후춧가루 … 약간

만들기°

1 관자는 열십자로 일정하게 칼집을 넣어 마늘, 셀러리, 마른 고추와 함께 먹기 좋은 크기로 자른다.

2 관자는 마리네이드 하여 잘 버무려 준다.(20쪽 참고)

3 프라이팬에 식용유 2컵을 넣고 아지랑이가 피어오르면 2의 관자를 넣어 부드럽게 익혀 기름기를 빼 놓는다.

4 팬에 식용유를 두르고 마늘, 셀러리, 마른 고추를 넣고 볶다가 XO 소스를 넣어 힘께 볶아준다.

5 4에 물을 넣고 굴소스와 후춧가루로 간을 하고 끓여준다.

6 소스가 잘 끓였으면 물전분으로 농도를 잡고 3의 관자를 넣어 버무려서 완성한다.

Tip 관자에 칼집을 넣고 마리네이드 반죽을 살짝 입혀서 기름에 익히면, 꽃처럼 활짝 펼쳐 더욱 부드러운 관자살을 즐길 수 있다.

유림 건두부피

면이면 면, 쌈이면 쌈, 무침이면 무침!
일품요리 건두부피

준비하기 [1~2인분]

- 건두부피 … 3장
- 팔각 … 1개
- 사천고추 … 5개
- 대파 … 1대
- 마늘 … 3개
- 생강 … 약간
- 고수 … 약간

소스

- 식용유 … 1큰술
- 고추기름 … 2큰술
- 산초기름 … 2큰술
- 간장 … 1작은술
- 설탕 … 1큰술
- 백후춧가루 … 약간
- 치킨파우더 … 1큰술
- 갈릭 칠리 페이스트 … 1큰술
- 두반장 … 1작은술
- 연두 청양초 … 1작은술
- 닭 육수 … 1/2컵

만들기

1 건두부피는 1.5cm 넓이로 썰고 대파, 마늘, 생강은 다져서 준비한다

2 건두부피는 끓는 물에 삶아서 수분을 제거 한다.

3 팬에 고추기름, 산초기름, 팔각을 넣어 향을 내고, 대파, 마늘, 생강, 두반장, 닭 육수를 넣어서 볶아준다.

4 3을 체에 걸러 팬에 넣고 마늘 칠리 페이스트, 간장, 설탕, 백후춧가루, 치킨파우더, 연두 청양초를 넣어 간을 한 후 두부피를 넣고 끓인다.

5 4를 그릇에 담고 사천고추, 고수, 쪽파를 얹어서 완성한다.

 Tip 건두부피는 삶아서 사용해야 콩 비린내를 제거할 수 있다.

깐소새우(칠리새우)

새콤, 달콤, 매콤하게 즐기는 대표적 새우 요리

준비하기° [2인분]

탈각 중새우 16/20 … 8마리
빨강 파프리카 … 1/4개
노랑 파프리카 … 1/4개
대파 … 1대
마늘 … 5개
물전분 … 2큰술
식용유 … 5컵(1L)

소스

케첩 … 6큰술
토마토 퓨레 … 2큰술
두반장 … 1큰술
고추기름 … 3큰술
설탕 … 5큰술
청주 … 1작은술
물 … 1/2컵

만들기°

1

새우는 씻어서 내장을 제거하고, 파프리카는 사방 5mm 크기로 썰고, 대파는 송송 썰며, 마늘은 다져서 준비한다.

2

분량의 재료로 튀김 반죽을 만들어서 새우에 입히고 가열된 기름에 튀겨낸 후 바삭함을 유지하기 위해 한 번 더 튀긴다.(20쪽 참고)

3

분량의 재료를 골고루 섞어서 소스를 만들어 놓는다.

4

팬에 고추기름과 다진 마늘을 넣고 볶은 후 3의 소스를 넣고 볶다가 물전분으로 농도를 조절한 후 2의 튀긴 새우를 넣는다.

5

소스와 새우가 버물어지면 마지막에 파프리카와 대파를 넣고 볶아준다.

Tip
- 새우의 바삭함을 유지하기 위해 두 번 튀긴다.
- 탈각새우는 머리와 껍질을 제거하고 꼬리만 남아있는 중새우로, 사이즈는 16/20, 21/25를 많이 사용한다.

난자완스

고기를 동그랗게 빚은 완자와 채소의 조합

준비하기° [2인분]

갈은 돼지고기 … 150g
표고버섯 … 3개
초고버섯 … 3개
물밤 … 8개
죽순 … 30g
양송이버섯 … 2개
청경채 … 1개
피망 … 1/4개
파프리카 … 1/4개
대파 … 1대
생강 … 약간
마늘 … 3개
달걀 … 1개
전분 … 1큰술
청주 … 1큰술
간장 … 1작은술

소스

식용유 … 1컵(200g)
청주 … 1큰술
간장 … 1작은술
굴소스 … 2큰술
백후춧가루 … 약간
설탕 … 1작은술
참기름 … 약간
치킨파우더 … 1큰술
물전분 … 1큰술
닭 육수 … 1/2컵

만들기°

1 표고버섯, 양송이버섯, 죽순은 편 썰고, 초고버섯은 반으로 자르고, 피망과 파프리카는 삼각형으로 썬다. 마늘, 생강, 대파는 다지고 물밤은 물에 헹궈 준비한다.

2 갈은 돼지고기를 볼에 담고 달걀, 전분, 청주, 간장으로 반죽해서 치댄다.

3 2의 반죽을 동그랗게 빚어내고 팬에 기름을 충분히 둘러 갈색이 나도록 지진다.

4 분량의 재료를 골고루 섞어서 소스를 만들어 놓는다.

- 완자의 식감을 좋게 하기 위해 물밤을 완자 양념할 때 다져서 섞어 사용한다.
- 완자를 빚을 때 충분히 치대서 끈기를 만들어야 지질 때 부서지지 않는다.
- 난자완스를 한자로 '남전환자(南煎丸子)'라고 한다. 고기로 완자를 빚어 소스에 졸인 산동 지방 요리로, 남쪽 지방에서 즐겨 먹는 요리라서 '남'자가 붙었다고 한다.

5 팬에 기름을 두르고 파, 생강, 마늘을 넣고 볶다가 모든 버섯과 채소를 넣어 볶은 후 **4**의 소스를 넣어 볶다가 물전분으로 농도를 맞춘 후 참기름으로 마무리한다.

강소성 닭날개 조림

집에서 해 먹는 중국 전통 8대 요리 중 하나!

준비하기° [2인분]

닭날개 … 10개
생강 … 1개
대파 … 1대
사천고추 … 10개

소스

식용유 … 5컵(1L)
설탕 … 1큰술
닭 육수 … 2컵
간장 … 1큰술
노두유 … 약간
청주 … 1작은술
두반장 … 1작은술
굴소스 … 1작은술
연두 청양초 … 1작은술

만들기°

1. 닭날개는 칼집을 내어 수분을 제거하고, 생강, 대파는 편 썰어 준비한다.

2. 볼에 닭날개, 간장, 노두유, 청주, 생강과 대파는 1/2대만 넣고 버무린 후 기름 1컵을 넣어 20분간 재워둔다.

3. 팬에 기름 3컵을 넣고 2의 재워둔 닭날개를 데쳐 엷은 갈색으로 변하는(60%) 정도로 익혀 체에 건져낸다.

4. 냄비에 기름 1컵을 넣고 설탕을 녹인 후 닭 육수를 붓고 끓인다. 두반장, 대파 1/2대, 3의 닭날개를 넣고 조린다.

5. 4에 사천고추, 굴소스, 연두 청양초를 넣고 조려서 완성한다.

Tip 설탕을 녹일 때 불 조절을 잘못 하면 탄맛이 나기 때문에 약한 불에서 서서히 녹인다.

가정식 두부 볶음

두부를 튀기고 조려 만든 중국의 가정에서 즐겨먹는 요리

준비하기° [2인분]

두부 … 1/2모
삼겹살 … 100g
죽순 … 20g
새송이버섯 … 1개
표고버섯 … 3개
홍고추 … 1개
쪽파 … 3뿌리
마늘 … 3개
생강 … 1개
달걀 … 1개
물전분 … 1큰술

소스

고추기름 … 2큰술
마늘기름 … 1큰술
간장 … 1작은술
청주 … 1큰술
굴소스 … 1작은술
설탕 … 1작은술
치킨파우더 … 1큰술
닭 육수 … 1/2컵
백후춧가루 … 약간

만들기°

1 두부는 삼각형 모양으로 썰고, 삼겹살은 3cm 크기로 썰고, 죽순, 새송이버섯, 표고버섯, 홍고추는 편 썰고, 마늘과 생강은 다지고, 쪽파는 4cm 길이로 썰어 준비한다.

2 팬에 기름을 두르고 수분제거한 두부를 튀겨 황금색으로 변할 때 건져서 체에 받쳐준다.

3 분량의 재료를 골고루 섞어서 소스를 만들어 놓는다.

4 팬에 고추기름, 마늘기름을 두르고 파, 마늘, 생강을 넣고 향을 낸 후 삼겹살, 채소와 **3**의 소스를 넣고 조리다가 **2**를 넣어 더 끓인다.

5 조려지면 물전분으로 농도를 조절한 후 참기름을 넣고 접시에 담아 완성한다.

Tip 중국 메뉴판에는 '가상'이라는 단어를 흔히 볼 수 있는데, 이는 중국 가정집에서 즐겨먹는 음식이라는 의미를 가지고 있다.

경장우육사°

춘장에 소고기를 볶아 파와 오이를 곁들여 싸먹는 요리

준비하기° [2인분]

소고기 … 150g
죽순 … 50g
오이 … 1개
마늘 … 2개
대파 … 2대
생강 … 약간

소스

식용유 … 1컵
청주 … 1큰술
간장 … 1작은술
춘장 … 2큰술
설탕 … 1작은술
닭 육수 … 1/2컵
치킨파우더 … 1작은술
물전분 … 5큰술
백후춧가루 … 약간
참기름 … 약간

만들기°

1. 소고기, 죽순, 오이, 대파, 마늘을 채 썰어 준비한다.

2. 소고기는 마리네이드 하여 기름에 재워 둔다.(20쪽 참고)

3. 팬에 기름을 두르고 약불로 **2**를 볶아준다.

4. 팬에 기름을 두르고 마늘, 대파, 생강을 넣고 볶다가 춘장을 살짝 볶고 닭 육수를 넣어서 풀어준다. 죽순과 **3**의 소고기를 넣고 설탕, 치킨파우더, 백후춧가루를 넣어 볶다가 물전분으로 농도를 맞추고 참기름으로 마무리한다.

5. 접시에 오이와 대파로 장식하고 완성된 **4**를 얹어 꽃빵과 곁들여 먹는다.

 Tip
- 대파를 찬물에 담가 사용하면, 매운맛을 빼고 신선하게 즐길 수 있다.
- 꽃빵을 찔 찜기가 없을 때는 위생팩에 담아 전자렌지에 1분 돌려서 사용한다.

닭고기 캐슈너트 볶음(궁보계정)

큼직하게 썬 닭고기에 각종 채소를 넣고 볶아낸 요리

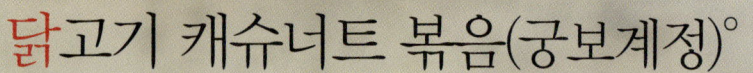

준비하기° [2인분]

닭다리살 … 2개
청피망 … 1/3개
홍피망 … 1/3개
양파 … 1/4개
셀러리 … 1대
캐슈너트 … 10알
표고버섯 … 2개
죽순 … 20g
마늘 … 2개
생강 … 약간
대파 … 1대
달걀 … 1개

소스

고추기름 … 2큰술
산초기름 … 1큰술
청주 … 1작은술
간장 … 1/2작은술
설탕 … 1작은술
굴소스 … 1큰술
흑후춧가루 … 약간
참기름 … 약간
물전분 … 2큰술

만들기°

1 채소와 버섯은 사방 1~2cm 크기로 썰고, 파와 마늘은 편 썰고, 생강은 채 썰어 준비한다.

2 닭다리살은 분량의 닭고기 마리네이드 재료를 넣고 치댄 후 기름을 부어 재워둔다.(20쪽 참고)

3 분량의 재료를 골고루 섞어서 소스를 만들어 놓는다.

4 팬에 재워둔 **2**를 약불로 볶다가 중불에서 캐슈너트를 넣고 함께 볶아 체에 받쳐둔다.

5 팬에 고추기름, 산초기름, 파, 마늘, 생강을 넣고 향을 내고 모든 채소와 **4**를 넣고 마지막에 **3**의 소스를 넣고 볶는다.

6 마지막에 참기름을 넣어 완성시킨다.

Tip 궁보계정에서 '궁보'는 사람의 성씨, '계'는 닭고기, '정'은 재료를 각지고 '두껍게 자르다'라는 뜻으로, 중국의 궁보라는 사람이 처음 만들었다.

큐민향 양고기 볶음

소화를 돕는 큐민과 스태미너에 일품인 양고기의 만남

준비하기° [2인분]

양고기 … 200g
큐민 가루 … 1작은술
쪽파 … 3뿌리
고수 … 약간

양고기 마리네이드

양고기 … 200g
생추왕 … 1작은술(간장)
큐민 가루 … 1작은술
물전분 … 1/2컵
식용유 … 1컵

소스

산초가루 … 1/2작은술
치킨파우더 … 1작은술
백후춧가루 … 1/3작은술
설탕 … 1작은술
소금 … 약간

만들기°

1. 양고기는 편 썰고, 마늘은 반만 썰고, 쪽파는 흰 부분만 준비한다.

2. 볼에 분량의 양고기 마리네이드 재료로 치댄 후 기름에 재워둔다.

3. 볼에 분량의 재료로 소스를 섞어 준비한다.

4. 팬에 기름을 두르고 양고기와 3의 소스를 볶아 익을 때쯤 마늘을 넣고 볶은 후 체에 받쳐둔다.

5. 팬을 가열하여 4를 넣고 큐민 가루를 골고루 뿌리고 마지막에 쪽파와 고수를 넣고 볶음 후 접시에 담는다.

Tip 양고기를 큐민 가루와 함께 마리네이드 하면 더 부드러울 뿐만 아니라 양고기의 특유의 향을 잡아준다.

조염새우

어떤 요리와도 잘 어울리는 조리법 '조염'

준비하기° [2인분]

중새우 … 15마리
마늘 … 20개
대파 … 1대
사천고추 … 5개
감자 전분 … 2컵
식용유 … 5컵(1L)
간장 … 1작은술
파기름 … 1큰술
소금 … 약간

소스

산초가루 … 1/2작은술
치킨파우더 … 1큰술
백후춧가루 … 1작은술
설탕 … 1작은술
소금 … 약간

만들기°

새우는 내장을 제거한 후 날카로운 부분을 가위로 가로로 제거하고, 마늘은 곱게 다지며, 대파는 어슷 썰기한다.

봉지에 새우와 감자 전분을 넣고 흔들어준다.

볼에 분량의 소스 재료를 섞어서 준비한다.

팬에 식용유 5컵(1L)을 붓고 아지랑이가 피어오르면 마늘을 먼저 튀겨 체에 받쳐 기름을 뺀 후 그릇에 담고 새우를 바삭하게 튀겨 준비한다.

팬에 파기름을 두르고 간장으로 향을 낸 후 새우, 마늘, 대파, 사천고추, 3의 소스를 넣고 마르게 볶는다.

 Tip 마늘을 튀길 때 물에 10분간 담근 후 흐르는 물에 씻고 체에 받쳐, 수분을 제거해서 튀긴다.

사천식 차돌박이 탕(수자육편)

돌아서면 자꾸 생각나는 매력적인 맛!

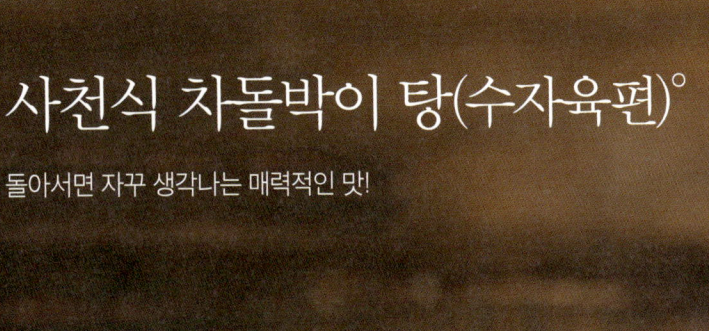

준비하기° [2인분]

차돌박이 … 100g
양상추 … 1/6통
숙주 … 한 줌
배추 … 2장
죽순 … 30g
미나리 … 3줄
대파 … 1대
쪽파 … 1뿌리
마늘 … 5개
생강 … 약간

소스

산초기름 … 1큰술
식용유 … 2큰술
황두장 … 1큰술
두반장 … 1큰술
닭 육수 … 3컵
간장 … 1작은술
청주 … 1작은술
고추기름 … 3큰술
치킨파우더 … 2큰술
굴소스 … 1큰술
설탕 … 1작은술
백후춧가루 … 약간

만들기°

1

배추, 죽순, 미나리는 4cm 길이로 편 썰고, 쪽파는 송송 썰고, 대파와 마늘은 편 썰고, 생강은 다져서 준비한다. 양상추는 먹기 좋은 크기로 잘라준다.

2

팬에 식용유를 가열하여 산초기름, 파, 마늘, 생강을 볶다가 황두장, 두반장을 넣고 볶는다.

3

2에 향이 나면 간장, 청주, 죽순을 넣고 볶다가 닭 육수를 넣고 끓이면서 양상추, 숙주, 차돌박이, 미나리, 배추 순서로 데쳐서 그릇에 담아 놓는다.

4

3의 데치고 남은 육수에 치킨파우더, 굴소스, 설탕, 백후춧가루를 넣고 다시 간을 하여 그릇에 부어준다.

5

팬에 고추기름을 가열하여 완성된 요리 위에 붓고 쪽파를 올려 완성한다.

Tip 재료들을 데칠 때 육수에 간을 강하게 해야 마지막 간을 맞출 때, 추가로 간을 할 필요 없이 데친 재료에 간이 벤다.

회과육(춘장삼겹살볶음)

솥(鍋)에서 나온 고기(肉)가 다시 솥으로 돌아간다(回)는 것을
의미하는 요리

준비하기° [2인분]

통 삼겹살 … 200g
생강 … 약간
대파 … 1대
월계수잎 … 1장
통후추 … 5알
홍고추 … 1개
청양고추 … 3개
죽순 … 15g
양파 … 1/4개
양상추 … 1/6통
대파 … 1대
마늘 … 2개
마른 고추 … 2개

소스

고추기름 … 1큰술
간장 … 1작은술
청주 … 1큰술
춘장 … 2큰술
설탕 … 1큰술
굴소스 … 1작은술
해선장 … 1작은술
백후춧가루 … 약간
닭 육수 … 1/2컵

만들기°

1

삼겹살은 편 썰고, 홍고추와 청양고추는 씨를 제거해서 어슷 썰고, 죽순, 양파, 마늘, 대파는 편 썰어 준비한다. 양상추는 먹기 좋은 크기로 자른다.

2

물에 삼겹살, 생강, 대파, 월계수잎, 통후추를 넣고 10분간 삶아준다.

3

분량의 재료를 골고루 섞어서 소스를 만들어 놓는다.

4

팬에 고추기름, 마른 고추, 대파, 마늘, 간장, 청주를 넣고 향을 낸 후 홍고추, 청양고추, 죽순, 양파를 넣고 볶는다.

5

4에 삼겹살과 **3**의 소스를 넣고 볶는다. 충분히 볶아지면 양상추를 넣고 볶아서 완성한다.

 Tip 소스를 넣고 볶을 때 춘장이 잘 풀어지도록 약불에서 서서히 볶는다.

어향 소고기 말이

어향 소스의 감칠맛과 소고기의 만남

준비하기° [2인분]

채끝살 … 100g
마 … 1/4개
청피망 … 1/4개
홍피망 … 1/4개
목이버섯 … 2개
표고버섯 … 3개
셀러리 … 1/4대
마늘 … 2개
비타민 … 1개
감자 전분 … 1컵

소스

산초기름 … 1큰술
고추기름 … 1큰술
간장 … 1작은술
두반장 … 1큰술
설탕 … 1큰술
식초 … 1큰술
치킨파우더 … 1큰술
닭 육수 … 1컵
물전분 … 1큰술
식용유 … 5컵(1L)

만들기°

1 소고기는 0.5cm 두께로 편 썰고, 마는 5cm 길이로 채 썰고 비타민은 윗둥을 제거하여 청피망, 홍피망, 셀러리, 표고버섯과 함께 사방 0.5cm 크기로 썰고, 마늘은 다진다.

2 소고기를 넓게 펴서 마를 넣고 돌돌 말아 끝부분에 전분을 무쳐 고정시키고, 전체적으로 전분 가루를 꼼꼼히 무쳐 튀겨준다.

3 분량의 재료를 골고루 섞어서 소스를 만들어 놓는다.

4 팬에 **3**의 소스와 **1**의 채소, 버섯을 넣고 끓인다

5 **4**에 물전분을 넣어 농도를 맞춘 후 튀겨낸 **2**의 고기말이를 그릇에 담고 소스를 얹어 완성한다.

Tip

- 소고기에 튀김옷을 입힐 때 손으로 꾹꾹 눌러서 모양을 잡아 준다.
- 물고기 '어(魚)'에 향기 '향(香)'을 써서 생선 맛이 나는 소스라는 뜻을 갖고 있다. 중국 사천 지방 요리로 달고, 시고, 맵고, 짜고의 복합적인 맛이 매력적인 어향 소스는 다향한 요리에 사용된다.

第5章

꽌시의 나라 중국의
안주요리

닭고기 양상추 쌈

다진 닭고기와 버섯, 물밤 등을 소스와 함께 볶아 양상추에 싸서 '앙!'

준비하기° [2인분]

다진 닭고기 … 300g
물밤 … 10개(60g)
마른 표고버섯 … 2~3개
양상추 … 1/3통
대파 … 약간(20g)
소금 … 1/4작은술
식용유 … 2작은술
다진 마늘 … 1/2작은술
참기름 … 1/2작은술

소스

물 … 1큰술
굴소스 … 1큰술
설탕 … 1큰술
노두유 … 1큰술
후춧가루 … 약간

만들기°

1 닭고기와 표고버섯, 물밤, 대파는 굵게 다지고 양상추는 찬물에 씻어 먹기 좋은 크기로 썬다.

2 달궈진 팬에 식용유 1큰술을 두르고 다진 닭고기를 소금으로 간을 하여 노릇하게 볶아 따로 담아 놓는다.

3 분량의 재료를 섞어서 소스를 만든다.

4 팬에 식용유를 두르고 파와 다진 마늘을 볶아 향을 낸 후 표고버섯과 물밤을 넣고 센불에서 볶아준다.

5 4에 준비된 2의 닭고기를 넣고 함께 볶아준다.

6 3의 소스를 넣고 조려질 때까지 볶아 참기름을 넣고 마무리한다. 한입 크기의 양상추 위에 얹어 접시에 담아낸다.

 Tip 마른 표고버섯에는 비타민 D가 농축되어 있다. 생 표고버섯보다 더 깊은 향과 맛을 내는 마른 표고버섯은 뜨거운 물에 1시간 정도 담가 흐물흐물 해지면 물기를 제거하여 사용한다.

바삭 그린빈스 튀김

내 입에 콩깍지, 통째 먹는 재미도 쏠쏠

준비하기° [2인분]

그린빈스(껍질콩) … 한 줌(150g)
소금 … 1작은술
후춧가루 … 1/4작은술
식용유 … 3컵

튀김 반죽

감자 전분 … 1과 1/4(150g)
찹쌀 가루 … 1/3컵(50g)
베이킹 파우더 … 2작은술(10g)
물 … 3/4컵(160g)

만들기°

그린빈스의 양쪽 끝을 잘라 손질하고, 소금과 후춧가루는 잘 섞어서 준비한다.

분량의 재료를 골고루 섞어 튀김 반죽을 만든다.

그린빈스에 튀김 반죽을 골고루 입혀 준다.

프라이팬에 식용유 3컵을 넣고 아지랑이가 피어오르면 그린빈스를 넣고 바삭하게 튀겨준다.

잘 튀겨진 그린빈스를 볼에 담고 1의 소금과 후춧가루를 골고루 뿌려준다.

Tip 마요네즈 4큰술, 파프리카 시즈닝 1/2작은술, 레몬즙 1작은술, 설탕 1작은술을 혼합한 소스를 곁들이면 더욱 맛있게 즐길 수 있다.

멘보샤

중국식 새우 샌드위치. 고소한 식빵과 부드러운 새우, 그리고 맥주와 함께 하면 금상첨화!

준비하기° [2인분]

알새우 … 20마리(새우살 200g)
식빵 … 4개
튀김기름 … 4컵

양념

달걀 흰자 … 1큰술
생강즙 … 1/4작은술
참기름 … 1/2작은술
감자 전분 … 1큰술
소금 … 약간
후춧가루 … 약간

만들기°

1 식빵은 가장자리를 자르고 4등분하고 새우는 식감이 느껴질 수 있도록 잘 다져서 달걀 흰자와 함께 준비한다.

2 잘 다져진 새우에 생강즙, 참기름, 소금, 후춧가루를 넣어 치대고 달걀 흰자와 감자 전분을 넣어 새우 반죽을 만든다.

3 썰어 놓은 식빵을 도마 위에 깔고 새우 반죽을 호두알 크기의 완자 모양으로 떼어 식빵 위에 올린 후 나머지 식빵을 위에 덮어서 붙여준다.

4 튀김기름에 아지랑이가 피어오르면 **3**의 새우 샌드위치를 넣고 약불에서 황금색이 날 때까지 뒤집어가며 천천히 튀겨준다.

 Tip
- 케첩 3큰술, 다진 마늘 2작은술, 설탕 1/2큰술, 고추기름 1큰술을 잘 혼합해 케첩 마늘 소스를 만들어 곁들이면 느끼한 맛을 없애 더욱 맛있게 즐길 수 있다.
- 새우에 염도가 많으면 양념할 때 소금을 넣지 않는다.
- 일반적으로 알새우의 크기에 따라 차이는 있겠지만, 20~25마리를 다지면 약 200g의 새우살을 얻을 수 있다.

해장 짬뽕

소주 한 잔 생각날 때 언제나 든든한 친구

준비하기° [2인분]

- 오징어 … 1/2마리
- 알새우 … 6~8마리
- 바지락 … 한 줌
- 양파 … 1/2개
- 청경채 … 2개
- 표고버섯 … 2개
- 목이버섯 … 1개
- 죽순 … 60g
- 당근 … 약간
- 호박 … 약간
- 배추 … 약간
- 고추기름 … 2큰술
- 다진 마늘 … 1작은술
- 다진 생강 … 1/4작은술
- 고춧가루 … 2큰술

양념
- 물 … 3컵
- 소금 … 1/2큰술
- 치킨파우더 … 1/2작은술
- 후춧가루 … 약간
- 참기름 … 1/2작은술

만들기°

1

바지락은 소금물에 담가 해감을 하고, 오징어는 한입 크기로 썰어 알새우와 함께 준비한다.

2

양파, 당근, 호박, 배추는 가늘게 채 썰고, 죽순, 표고버섯은 편 썰고, 목이버섯은 물에 담가 불린 뒤 청경채, 숙주와 함께 먹기 좋은 크기로 손질한다.

3

팬에 고추기름을 두르고 다진 마늘, 다진 생강을 볶아 향을 내준다.

4

숙주를 제외한 2의 채소를 넣고 볶다가 고춧가루를 넣어 채소에 잘 흡수되도록 볶는다.

5

4에 물을 넣고 소금, 치킨파우더, 후춧가루를 넣어 간을 맞추고, 1의 해물을 넣어 끓여준다.

6

육수가 끓어 오르면 숙주와 참기름을 넣어 완성한다.

 Tip
- 생면을 삶아 그릇에 담고 그 위에 짬뽕 국물을 부어 먹으면 훌륭한 한 끼 식사가 될 수 있다.
- 조개류를 제외한 해물은 마지막쯤에 넣고 끓여줘야 질겨지지 않는다.

황금 모래 굴튀김

바다의 우유라 불릴 만큼 맛과 영양이 풍부한 굴이 마늘과 만났을 때

준비하기° [2인분]

생굴 … 200g
굵은 빵가루 … 2/3컵
마늘 … 12개
튀김기름 … 3컵

튀김 반죽
감자 전분 … 1과 1/4(150g)
찹쌀 가루 … 1/3컵(50g)
베이킹 파우더 … 2작은술(10g)
물 … 3/4컵(160g)

양념
소금 … 1/2작은술
설탕 … 1/2작은술
치킨파우더 … 1/2작은술
후춧가루 … 약간

만들기°

1

생굴은 흐르는 물에 2~3번 헹궈가며 껍질을 제거해주고 마늘과 빵가루를 함께 준비한다.

2

마늘은 칼로 잘게 다져서 찬물로 한번 씻어 물기를 빼주고 빵가루와 각각 황금색이 날 때까지 기름에 튀긴 후 섞어준다.

3

생굴은 끓는 물에 살짝 데친 다음 체에 건져 물기를 제거해준다.

4

분량의 재료를 혼합하여 튀김 반죽을 만들고 3의 굴을 넣어 튀김 반죽을 골고루 입혀준다.

Tip
- 굴을 바삭하게 튀기려면 끓는 물에 살짝 데치고 겉에 수분기를 제거한 후 튀김옷을 입혀 튀긴다.
- 칼로 잘게 다진 마늘은 찬물에 씻어 마늘의 진을 없애주고 물기를 제거해서 튀겨야 바삭하게 튀길 수 있다.

5

팬에 튀김기름을 붓고 아지랑이가 피어 오르면 튀김옷을 입힌 굴을 넣고 바삭하게 튀겨준다.

6

바삭하게 튀겨진 2의 마늘과 빵가루 믹스에 분량의 양념 재료를 넣어 잘 혼합해주고 5의 굴튀김을 함께 버무려 완성한다.

연근 새우 샌드위치°

건강한 튀김 그리고 샐러드의 환상적인 궁합

준비하기° [2인분]

연근 … 1/2개
새우살 … 200g
샐러드 채소 … 120g
감자 전분 … 1컵
튀김기름 … 4컵

양념

달걀 흰자 … 1큰술
생강즙 … 1/4작은술
참기름 … 1/2작은술
감자 전분 … 1큰술
소금 … 약간
후춧가루 … 약간

샐러드 소스

물 … 2큰술
간장 … 1큰술
식초 … 1큰술
설탕 … 1큰술
굴소스 … 1작은술
다진 청·홍고추 … 약간
파 … 약간

만들기°

1 연근은 0.3cm 크기로 썰고, 새우살은 곱게 다져서 샐러드 채소와 함께 준비한다.

2 다진 새우에 분량의 재료로 양념을 만들어 넣고 잘 치대서 새우 반죽을 만든다.

3 썰어 놓은 연근 위에 새우 반죽을 채우고 다시 연근으로 덮어 샌드위치 모양으로 만들어준다.

4 샌드위치 모양의 연근에 감자 전분을 골고루 묻혀서 튀김옷을 만들어 준다.

5 튀김기름에 아지랑이가 피어오르면 4의 연근 샌드위치를 넣고 황금색이 날 때까지 바삭하게 튀겨준다.

6 접시 위에 샐러드를 깔고 바삭하게 튀긴 연근을 얹고 분량의 재료로 샐러드 소스를 만들어서 뿌려 완성한다.

Tip 새우 속을 채운 연근 샌드위치는 잘 푼 달걀 흰자에 한 번 담가서 감자 전분을 묻히면 튀김옷을 쉽게 만들 수 있다.

갑오징어 튀김

향긋한 대파와 매콤한 마른 고추 향이 나는
광동 스타일의 갑오징어 튀김

준비하기° [2인분]

갑오징어 … 1/2마리
대파 … 1/2대
마른 고추 … 8개
감자 전분 … 1/2컵
식용유 … 3컵

양념

소금 … 1작은술
후춧가루 … 1/4작은술

만들기°

1 갑오징어는 칼집을 넣어서 0.5cm 넓이로 썰어주고, 대파는 5cm 길이로 얇게 채 썰어 마른 고추와 함께 준비한다.

2 손질된 오징어는 물기를 제거하고 마리네이드를 한다. 마리네이드 소스는 오징어 무게에 맞춰 사용한다.(20쪽 참고)

3 2에 감자 전분을 골고루 묻힌다.

4 프라이팬에 튀김기름 3컵을 넣고 아지랑이가 피어오르면 갑오징어를 넣고 바삭하게 튀긴다.

5 뜨거운 팬에 식용유 1작은술을 두르고 길게 썬 대파와 마른 고추가 살짝 그을려지면서 매운 향이 날 때까지 볶아준다.

6 5에 바삭하게 튀긴 4의 갑오징어를 넣고 소금과 후춧가루로 간을 하고 잘 버무려 완성한다.

Tip
- 대파는 파란 부분과 흰 부분을 2:1 비율로 섞어서 사용하고 오징어 튀김은 새콤달콤한 칠리 소스에 찍어먹으면 더욱 맛있게 즐길 수 있다.
- 갑오징어 대신 한치나 물오징어 등을 사용해도 좋다.

땅콩 소스에 버무린 닭가슴살 냉채

고단백질 닭가슴살은 다이어트와 피로회복 뿐만 아니라 뇌 건강 필수!

준비하기° [2인분]

닭가슴살 … 2개
양배추 … 1/8통
오이 … 1/2개
노랑 파프리카 … 1/2개
주황 파프리카 … 1/2개
양파 … 1/4개
마늘 … 4개
생강 … 약간
대파 … 1/2대

소스

겨자 소스 … 1/2큰술
소금 … 1/3작은술
설탕 … 1큰술
간장 … 1큰술
참기름 … 1과 1/2큰술
땅콩잼 … 2큰술
식초 … 1큰술
고추기름 … 1큰술
연두 청양초 … 1큰술

만들기°

1 모든 재료는 씻어서 준비한다.

2 냄비에 물을 부어 닭가슴살, 대파, 생강을 넣고 20분간 삶아준다.

3 양배추, 오이, 노랑·주황 파프리카, 양파는 5cm 길이로 채 썰고, 마늘은 곱게 다진다.

4 볼에 **2**의 닭가슴살을 식혀서 결대로 잘라 담고 분량의 재료로 소스를 만들어 **2**와 함께 버무려 완성한다.

 Tip 닭가슴살은 찬물에서부터 삶아야 부드러운 식감을 유지할 수 있으며, 익은 다음 따뜻할 때 손질해야 수분감을 유지할 수 있다.

해파리 냉채

꼬들꼬들한 해파리와 채소를 곁들여 새콤달콤한 소스에
비벼 먹는 냉채

준비하기° [2인분]

해파리 … 200g
오이 … 1/2개
마늘 … 5개
레몬 … 1/4개
홍고추 … 2개

소스

식초 … 1/2컵
설탕 … 3큰술
물 혹은 닭 육수 … 1/4컵
소금 … 1작은술
참기름 … 2큰술

만들기°

1

레몬은 편 썰고, 오이는 채 썰고, 마늘과 홍고추는 다져서 준비한다.

2

염장 해파리는 물에 헹궈 소금기를 빼고 뜨거운 물에 데쳐서 흐르는 물에 여러 번 헹궈 체에 받쳐둔다.

3

분량의 재료로 소스를 만들어 레몬을 넣고 우려낸 후 다진 마늘을 넣어 숙성시킨다.

4

볼에 해파리와 오이채를 섞어주고 3의 소스를 부어 버무린다.

5

접시에 담아 완성한다.

흑식초로 맛을 낸 양장피

흑식초는 비타민, 미네랄, 아미노산이 일반 식초의 5~10배 많아 건강을 생각한다면 필수!

준비하기° [2인분]

알새우 … 5마리
양장피 … 반 줌(50g)
건두부피 … 1장
당근 … 1/6개
적채 … 1/8개
양파 … 1/4개
고수 … 약간
땅콩 가루 … 약간

소스

간장 … 2큰술
흑식초 … 4큰술
설탕 … 4큰술
참기름 … 2큰술
고추기름 … 1큰술
다진 마늘 … 1큰술
다진 대파 … 1큰술

만들기°

1. 모든 채소는 채 썰고, 새우는 반으로 포 떠서 끓는 물에 데쳐 준비한다.

2. 양장피는 물에 20분 정도 불렸다가 끓는 물에 데친 후 찬물에 헹궈 준비한다.

3. 볼에 분량의 재료로 소스를 만들어 준비한다.

4. 그릇에 양장피와 채소를 재료별로 담아서 3의 소스를 뿌려 완성한다.

 Tip
- 흑초는 체내 각종 유효 성분을 흡수시키는 성질이 뛰어난 알카리성 식품으로, 스트레스를 해소하는 데 도움을 준다.
- 양장피는 '양분피'라고도 하며, 전분을 얇게 펴서 열건조하여 말린 것으로 요즘은 넓적 당면 모양으로 나와 요리할 때 편리하다.

눈꽃 교자

보기 좋은 것이 먹기도 좋다. 화려한 교자의 유혹

준비하기° [5인분]

알새우 … 10마리
갈은 돼지고기 … 150g
부추 … 반 줌
생강 … 약간
대파 … 1/2대
표고버섯 … 3개
감자 전분 … 1큰술
달걀 흰자 … 1개
식용유 … 1/3컵

피 반죽
중력분 … 1과 1/2컵(200g)
미지근한 물 … 1/2컵(80g)
소금 … 약간

소스
마늘기름 … 1큰술
청주 … 1큰술
백후춧가루 … 약간
참기름 … 1큰술
치킨파우더 … 1큰술
설탕 … 1/2작은술
소금 … 1/3작은술
굴소스 … 1큰술

눈꽃즙
중력분 … 2큰술
물 … 1컵
식초 … 약간
기름 … 약간

Tip 만두 속에 들어가는 새우는 전분과 소금으로 씻어주면 잡내 제거와 탄력 있는 살을 얻을 수 있다.

만들기°

1 피는 분량의 재료로 반죽해서 물수건으로 덮어 상온에서 숙성시킨다.

2 새우는 감자 전분으로 씻어 물기를 제거하고, 돼지고기는 냅킨을 이용하여 핏물을 제거한다. 부추는 1cm 길이로 썰고, 표고버섯은 채 썰고, 대파는 송송 썰며, 생강은 다진다.

3 볼에 2와 분량의 소스 재료를 섞어 소스가 녹을 때까지 치댄다.

4 1의 숙성된 피를 동그랗게 밀어서 준비한다.

5 피에 3의 재료를 넣고 만두 모양으로 만든 후 찜기에 4분간 찐다.

6 팬에 기름을 넉넉히 두르고 분량의 재료로 눈꽃즙을 만들어 붓고, 찐 교자를 넣어 뚜껑을 덮고 약불로 지져서 완성한다.

고추 듬뿍 닭튀김

매운 고추를 듬뿍 넣어 닭고기와 함께 볶아낸
사천 지방의 닭 요리

준비하기° [2인분]

닭다리살 … 4개
마늘 … 5개
생강 … 1개
사천고추 … 20개
마른 고추 … 10개
쪽파(흰 부분) … 5뿌리

닭다리살 마리네이드

산초가루 … 1작은술
간장 … 1큰술
청주 … 1큰술
달걀 … 1개
감자 전분 … 3큰술
식용유 … 1컵
노두유 … 약간

소스

식용유 … 5컵(1L)
고추기름 … 1큰술
산초기름 … 1큰술
설탕 … 1작은술
치킨파우더 … 1큰술
백후춧가루 … 1작은술

만들기°

모든 재료는 씻어서 준비하고 닭다리살은 껍질을 제거해서 준비한다.

닭다리살은 5cm 길이로 채 썰고, 마늘과 생강은 편 썰며, 마른 고추는 어슷 썰기해서 준비한다.

볼에 닭다리살과 분량의 마리네이드 재료를 섞어서 기름에 재워 준비한다.

팬에 식용유 5컵(1L)을 붓고 아지랑이가 피어오르면 3의 닭을 튀긴다.

팬에 고추기름과 산초기름을 두르고 마늘과 생강으로 향을 낸 후 4의 튀긴 닭다리살, 치킨파우더, 설탕, 쪽파, 마른 고추, 백후춧가루를 볶아 마무리한다.

第6章

아이를 위한
건강한 중식 간식

초콜릿 라즈베리 딤섬

치즈와 초콜릿, 과일 시럽을 이용한 새로운 맛! 아이들 입이 '쩍!'

준비하기° [2인분]

- 크림치즈(고체형) … 2컵(120g)
- 초콜릿 시럽 … 2큰술(30g)
- 라즈베리 잼 … 1큰술(20g)
- 설탕 … 4/5큰술(12g)
- 사각 만두피 … 8장
- 튀김기름 … 3컵
- 슈가 파우더 … 약간

만들기°

1. 크림치즈, 초콜릿 시럽, 라즈베리 잼과 설탕, 정사각형 만두피를 준비한다.

2. 분량의 크림치즈, 초콜릿 시럽, 라즈베리 잼, 설탕을 볼에 넣고 잘 섞어준다.

3. 7x7cm 정사각형 만두피에 2의 속 재료를 1큰술(15g)씩 넣는다.

4. 각 모서리를 똑같이 접어서 사각뿔 모양과 같이 나오도록 만든다.

 Tip
- 정사각형 만두피 가장가리에 물을 묻히고 각 모서리끼리 바라보게 맞붙여 모양을 잡는다.

- 타원형 만두피 가장자리를 잘라 정사각형으로 만들어서 사용하면 편리하다.

5. 튀김기름에 아지랑이가 피어오르면 초콜릿 라즈베리 딤섬을 2~3분 정도 황금색이 날 때까지 튀겨준다.

6. 접시 위에 모양을 잡고 라즈베리 소스와 슈가 파우더를 뿌려 완성한다.

바닐라 크림 완탕
바닐라 아이스크림만 있는 게 아니다!

준비하기° [2인분]

- 크림치즈(고체형) … 2컵(120g)
- 바닐라 에센스 … 1/8작은술
- 설탕 … 1과 1/3큰술(20g)
- 원형 만두피 … 7장
- 튀김기름 … 3컵
- 슈가 파우더 … 약간

만들기°

1 크림치즈, 바닐라 에센스, 설탕, 만두피를 준비한다.

2 분량의 크림치즈, 바닐라 에센스, 설탕을 볼에 넣고 잘 섞어준다.

3 타원 만두피 끝 부분에 물을 골고루 발라주고 1의 속 재료를 1과 1/5큰술(18g)씩 넣는다.

4 3을 반으로 접어서 반달모양을 만들어주고 모서리 부분을 꾹꾹 눌러준다. 접힌 모서리 부분은 포크를 사용해서 주름을 잡아준다.

5 4의 크림 완탕을 튀김기름에 아지랑이가 피어오르면 2~3분 정도 황금색이 날 때까지 바삭하게 튀겨 접시에 담아 완성한다.

Tip 잘 튀겨진 바닐라 크림 완탕은 과일류와 함께 곁들여 더욱 상큼하게 맛을 즐길 수 있다.

애플 완탕

건강에 좋은 사과가 완벽한 디저트로 변신할 시간

준비하기° [2인분]

사과 … 1개
사각 만두피 … 10장
버터 … 1큰술
설탕 … 2큰술
계피 가루 … 약간
레몬즙 … 1/2큰술
사이다 … 3큰술
물전분 … 1작은술
슈가 파우더 … 약간
카라멜 소스 … 약간

만들기°

1 사과는 껍질을 벗기고 씨를 빼서 사방 0.5cm 크기로 썰고 버터, 설탕, 계피 가루, 레몬즙, 사이다를 준비한다.

2 팬에 버터를 넣어 완전히 녹이고 설탕을 혼합한다.

3 잘게 썬 사과를 넣고 3분 정도 볶은 후 사이다, 레몬즙, 계피 가루를 더해 2분 정도 더 볶아준다.

4 물전분으로 농도를 맞추고 실온에서 20분 정도 냉각시킨다.

 Tip 사각형 만두피에 속 재료를 넣고 다른 만두피로 겹쳐 붙힌 후, 포크로 만두피를 눌러 모양을 잡아준다.

5 7x7cm 정사각형 만두피에 **4**의 속재료를 1과 1/3큰술(20g)씩 넣고 다른 만두피로 덮어서 겹쳐 붙여 준다.

6 튀김기름에 아지랑이가 피어오르면 애플 완탕을 3~4분 정도 황금색이 날 때까지 튀겨주고 슈가 파우더와 카라멜 소스를 뿌려 완성한다.

게살 크림 딤섬

크림치즈와 게살을 완탕피에 채워 바삭하게 튀겨먹는
새로운 스타일의 퓨전 딤섬

준비하기° [2인분]

홍게 다리살(물기 제거) … 60g
크림치즈(고체형) … 1/2컵(60g)
만두피 … 6장
튀김기름 … 4컵

양념
식용유 … 1작은술
다진 마늘 … 1/4작은술
다진 파 … 약간
다진 청피망 … 약간
후춧가루 … 약간

만들기°

1 홍게 다리살은 해동 후 수분을 제거해 주고 크림치즈와 만두피를 준비한다.

2 팬에 식용유를 두른 후 분량의 양념재료를 넣어 볶아주고 식혀 놓는다.

3 볼에 홍게다리살, 크림치즈와 **2**의 양념을 모두 넣고 골고루 섞어서 속 재료를 만들어준다.

4 만두피는 8×8cm로 정사각형으로 준비한 후 **3**의 속을 1과 1/3큰술(20g)씩 채워 양쪽 손을 이용해 딤섬 모양을 잡아준다.

5 튀김기름에 아지랑이가 피어오르면 **4**의 게살 크림 딤섬을 노릇노릇 튀겨 접시에 담아 완성한다.

 Tip 잘 튀겨진 게살 크림 딤섬은 스윗 칠리 소스와 곁들여 먹으면 더욱 맛있게 즐길 수 있다.

바나나 춘권

그냥 먹어도 맛있다.
튀겨먹으니 입 속이 별나라!

준비하기° [2인분]

바나나 … 2개
춘권피 … 4장
튀김기름 … 3컵

파우더 소스

설탕 … 1/2컵
계피 가루 … 1/2작은술
오향분 가루 … 약간

만들기°

1 바나나는 껍질을 벗기고 6cm 크기로 2등분하고 춘권피를 준비한다.

2 볼에 분량의 재료를 잘 섞어서 파우더 소스를 만든다.

3 접시 위에 파우더 소스를 붓고 그 위에 바나나를 굴려가며 파우더 소스를 묻혀준다.

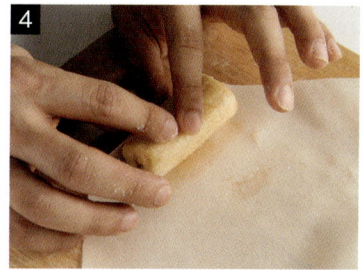

4 춘권피에 **3**의 바나나를 아래쪽으로 놓고 가장자리에 밀가루 풀을 살짝 발라준다.

 Tip 접착용 밀가루 풀 만들기
물1큰술, 밀가루 1큰술을 같은 비율로 섞어준다.

5 춘권피가 바나나를 잘 감싸지게 잘 말아서 고정시켜준다.

6 바나나 춘권은 튀김기름에 아지랑이가 피어오르면 3분 정도 바삭하게 튀겨내고 사선으로 잘라주고, 아이스크림이나 카라멜 시럽 등과 함께 곁들여 먹는다.

통 연근 찹쌀밥

예로부터 사랑을 듬뿍 받는 사람들이 많이 먹던 연근 요리

준비하기° [1~2 인분]

통 연근 … 1개
불린 찹쌀 … 1컵(200g)
대추 … 5개

소스
물 … 5컵(1L)
설탕 … 1과 1/2컵(200g)

만들기°

1 찹쌀은 물에 불려 놓고 연근은 껍질을 제거한다.

2 연근 껍질을 제거한 후 양끝을 사선으로 잘라준 후 구멍 안에 불린 찹쌀을 젓가락을 이용해 채운다.

3 2의 잘라낸 연근을 다시 붙여 이쑤시개로 고정한다.

4 냄비에 3의 연근을 넣고 물을 자작하게 부운 후 대추를 넣고 뚜껑을 덮어 1시간 정도 약불로 끓여준다.

5 완성된 연근을 편으로 썰어 그릇에 담고 분량의 소스 재료를 조려서 얹어 완성한다.

Tip
- 연근은 껍질을 벗겨 바로 사용하지 않는다면, 식초물에 끓여서 보관하여 갈변 현상을 막을 수 있다.
- 사선으로 자른 연근을 다시 담아서 찹쌀이 새어 나오지 않게 이쑤시개로 고정한다.

바삭 찹쌀떡

끓여도 먹고 튀겨도 먹는 중식 간식으로
중국 정월대보름에 먹는 전통 음식

준비하기° [1~2인분]

찹쌀 가루 … 2와 1/2컵(300g)
밀 전분 … 1/2컵(50g)
뜨거운 물 … 1컵(170g)
팥앙금 … 1/2컵(100g)
식용유 … 5컵(1L)
소금 … 약간

소스
설탕 … 10큰술
식용유 … 2큰술

만들기°

1 모든 재료를 계량해서 준비한다.

2 볼에 찹쌀 가루, 등면, 소금 약간을 섞어서 뜨거운 물에 반죽한다.

3 2에 팥앙금을 1큰술(15g)씩 넣고 동그랗게 빚어준다.

4 팬에 식용유를 붓고 아지랑이가 피어오르면 3을 튀겨 준비한다.

5 팬에 분량의 소스 재료를 넣어 녹여준 후 4의 튀긴 완자를 넣고 옷을 입혀 그릇에 담아 완성한다.

Tip
- 밀전분은 등분이라 하며, 중국 딤섬에 많이 사용된다. 대표적으로 타피오카 원료로 되어 있으며, 익반죽을 했을 때 투명하게 변하게 하는 성질을 갖고 있다. 대표적인 메뉴로 수정교자가 있다.
- 팥앙금이 아니어도 다른 앙금류나 건과류를 이용할 수 있다.

팔보밥(영양밥)°

나이도 거꾸로 먹게 하는 철분과 비타민 E 복합체인 연잎밥

준비하기° [2인분]

불린 찹쌀 … 1컵
돼지고기 등심 … 50g
닭가슴살 … 1개
갈은 돼지고기 A 지방 … 1큰술
표고버섯 … 3개
죽순 … 30g
껍질 벗긴 밤 … 5개
대추 … 2개
불린 연잎 … 1장

소스

설탕 … 1큰술
치킨파우더 … 1큰술
굴소스 … 1큰술
소금 … 1작은술
식용유 … 1큰술
노두유 … 1작은술
참기름 … 1큰술
후춧가루 … 약간

만들기°

1 돼지고기 등심과 닭가슴살은 사방 2cm 크기로 깍둑 썰기한다. 표고버섯과 죽순은 편 썰고, 밤은 모양 그대로 반 썰고 대추는 씨를 제거하여 썰어주고 불린 찹쌀을 준비한다.

2 분량의 재료를 골고루 섞어서 소스를 만들어 놓는다.

3 1에 분량의 재료로 소스를 만들어 넣고 섞어 준 다음 연잎을 깔고 그 위에 올린다.

4 나머지 연잎으로 잘 덮어서 찜기에 1시간 정도 쪄준다.

Tip
- 연잎은 물에 담궈 부드럽게 해서 사용한다.
- 돼지고기 A 지방은 돼지 등뼈에 붙이 있는 지방으로 잡내가 적고 고소하다.

망고 푸딩

망고의 진한 맛과 부드러운 우유가 어우러진 촉촉하고 쫀득한 간식

준비하기 [1인분]

망고 … 1개
판 젤라틴 … 3장
연유 … 2큰술
우유 … 1컵(200g)

 Tip 신맛이 강한 과즙(파인애플, 딸기, 레몬 등)에 젤라틴을 사용할 때는 설탕과 젤라틴 양을 늘려 사용한다.

만들기

1

판 젤라틴은 얼음물에 미리 담가 놓는다. 망고는 껍질과 씨를 제거하고 사방 2cm 크기로 썰어 준비한다.

2

냄비에 우유와 연유를 넣고 가열한 후 불린 판 젤라틴을 넣고 녹여준다. 그릇에 망고와 함께 담고 냉장고에서 식혀 완성한다.

알알이 옥수수전

색다른 조리법으로 즐기는 옥수수의 다양한 맛!

준비하기 [1~2인분]

옥수수 … 1캔(420g)
우유 … 1/2컵(100g)
전분 … 1과 1/2컵(200g)

소스

식용유 … 1/2컵(100g)
소금 … 약간
설탕 … 1큰술

 Tip 파프리카, 셀러리 등 다양한 채소와 함께 먹으면 영양이 배기 된다.

만들기

1 옥수수는 체에 받쳐 수분을 제거한다.

2 볼에 옥수수를 넣고 우유, 전분, 소금을 넣고 반죽한다.

3 팬에 식용유를 두르고 2의 반죽을 동그랗게 지진다. 접시에 담고 설탕을 뿌려 완성한다.

국화 춘권

밀전병에 다양한 재료를 넣어 튀긴 요리

준비하기 [5인분]

알새우 … 30마리
죽순 … 100g
갈은 돼지고기 A지방 … 50g
대파(흰 부분) … 약간

피 재료
춘권피 … 10장
밀가루 풀

소스
굴소스 … 1/2큰술
설탕 … 1/2작은술
청주 … 1작은술
전분 … 1큰술
백후춧가루 … 약간
참기름 … 1큰술
치킨파우더 … 1/2작은술
소금 … 약간

 Tip 춘권피는 고정할 때 밀가루 풀을 만들어 사용하면 잘 붙는다. (밀가루 풀 만들기 189쪽 참고)

만들기

1. 새우는 씻어서 수분을 제거하고, 나머지 재료는 다져서 준비한다

2. 1과 분량의 소스 재료를 섞어서 새우가 으깨지도록 치댄 후 준비된 춘권피에 넣어 돌돌 말아 끝 부분에 칼집을 낸다.

3. 팬에 기름을 붓고 끓이다가 아지랑이가 피어오르면 2를 넣고 튀겨 완성한다.

샤오마이°

일반 교자와 달리 속이 보이는 딤섬으로 '마이'로 분류된다.

준비하기° [2인분]

알새우 … 15마리
돼지고기 등심 … 100g
갈은 돼지고기 A지방 … 20g
쪽파 … 2뿌리
죽순 … 20g
표고버섯 … 5개

피 반죽

달걀(노른자) … 1개
강력분 … 2와 1/2컵(300g)
물 … 1/2컵(80g)
소금 … 약간

소스

간장 … 1작은술
설탕 … 1작은술
소금 … 약간
치킨파우더 … 1큰술
참기름 … 1큰술
감자 전분 … 1큰술
청주 … 1작은술
굴소스 … 1작은술

 반죽이 공기에 접촉하면 마르기 때문에 봉지 혹은 물 수건으로 덮어서 숙성시킨다.

만들기°

1 피는 분량의 재료를 반죽해서 봉지에 넣어 상온에서 숙성시킨다.

2 새우, 돼지고기 등심, 죽순, 표고버섯은 사방 0.5cm 크기로 썰어서 수분제거하고, 쪽파는 송송 썰어 준비한다.

3 볼에 2와 분량의 소스 재료를 섞어서 색이 변할 때까지 치댄 후 숙성된 피를 밀어서 동그란 틀로 찍어 낸다. 소를 넣고 모양을 만든다. 찜기에 넣고 6분 정도 쪄서 완성한다.

중국요리 한 상

《차이나는 요리》에 담겨진 요리는
그동안 가졌던 중국요리의 선입견에서
벗어날 수 있기에 충분하다 할 만큼 쉽고 간단하다.
또한 다양한 식재료와 소스를 사용하는 중국요리의 특성상
어느 하나 특별하지 않은 것이 없을 정도다.
중국요리는 요리에 따라 맛과 향이 다양하기에 목적에 따라
코스로 구성할 수 있다. 덕분에 일류 중식당 못지않은
고급스러운 중국요리를 집에서 쉽게 만날 수 있다.

Course 1
집들이를 위한 중국요리 한 상

결혼이나 이사 등의 새로운 시작을 축하하는 집들이.
집들이를 위해 고민하는 사람들에게 어렵지 않고 맛있는 중국요리 한 상을 대접할 수 있다.
특별하지 않는 듯한 특별한 요리로 집들이를 더욱 빛낼 수 있다.

매운 해물 쟁반짜장
(90쪽 참고)

황금 탕수육
(122쪽 참고)

삼선 해물 누룽지탕
(118쪽 참고)

멘보샤
(158쪽 참고)

깐소새우
(130쪽 참고)

 Course 2

가족 모임을 위한 중국요리 한 상

부모님 생신이나 아이 돌잔치 등 사랑하는 가족에게 좋은 일이 있을 때를 축하하기 위한 한 상.
어른들을 위해 해파리 냉채나 닭고기 캐슈너트 볶음(궁보계정)을,
아이들을 위한 호두 크림 새우와 바닐라 크림 완탕을 준비하였다.
마지막으로 누구나 부담 없이 즐기는 완탕면으로 마무리 하면 더할 나위 없다.

해파리 냉채
(170쪽 참고)

소고기 브로콜리 덮밥
(38쪽 참고)

호두 크림 새우
(120쪽 참고)

바닐라 크림 완탕
(182쪽 참고)

닭고기 캐슈너트 볶음
(140쪽 참고)

완탕면
(106쪽 참고)

Course 3

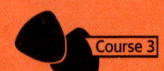

친구 모임을 위한 중국요리 한 상

친구들을 초대해 집에서 즐기는 중국요리 한 상.
오랜만에 만나는 친구라면, 술이라도 한 잔하며 못다한 이야기를 나눌 수 있도록
술안주로도 좋고 식사로도 훌륭한 한 상을 구성하였다.

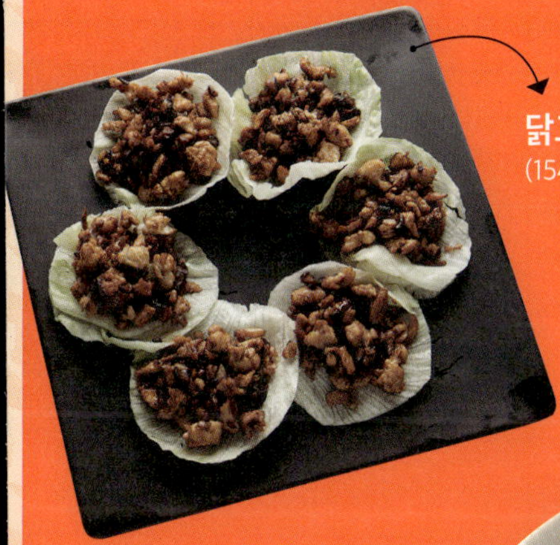

닭고기 양상추 쌈
(154쪽 참고)

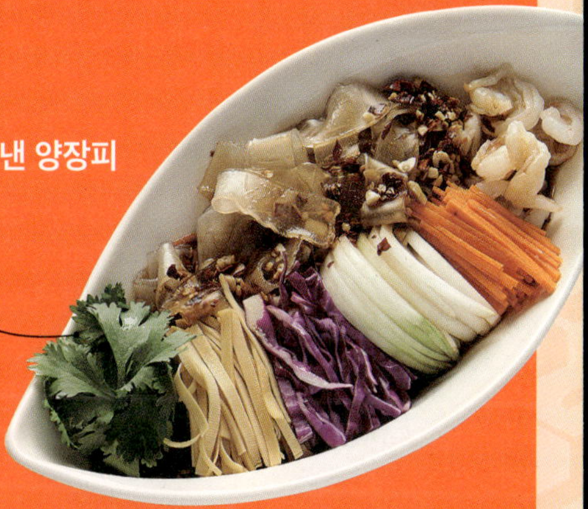

흑식초로 맛을 낸 양장피
(172쪽 참고)

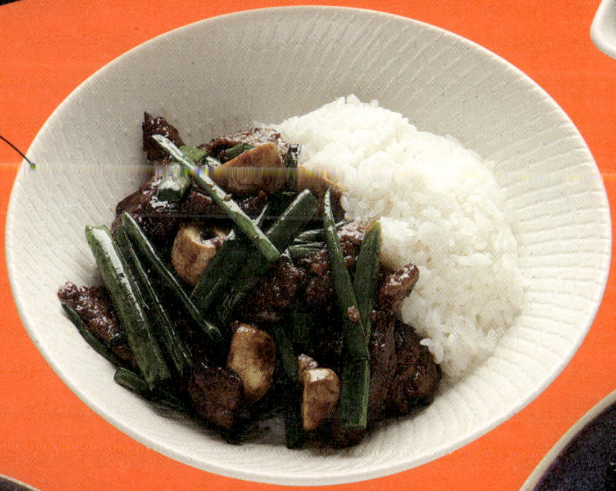

몽골리안 스테이크 덮밥
(40쪽 참고)

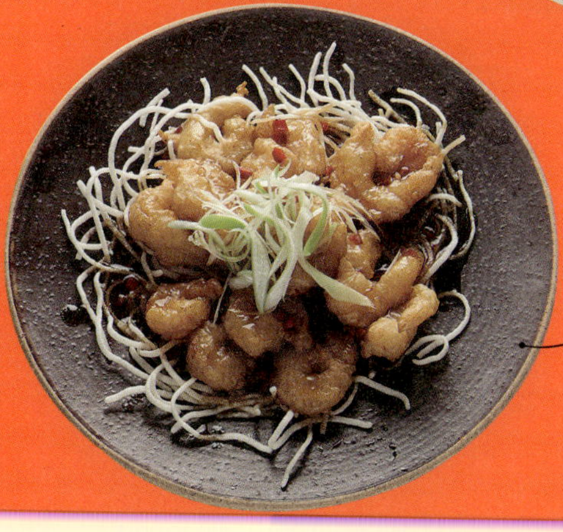

허니 갈릭 쉬림프
(112쪽 참고)

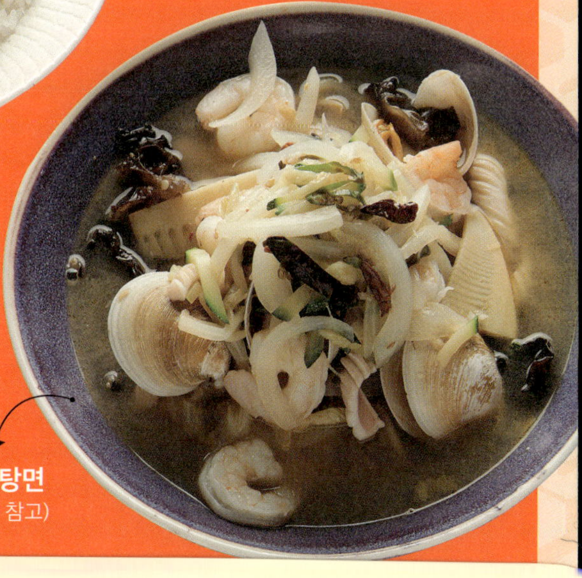

사천탕면
(92쪽 참고)

스타 셰프 최형진, 정지선의 맛있는 중식 88
차이나는 요리

펴낸날 초판 1쇄 2017년 8월 30일
　　　　 5쇄 2022년 4월 5일

지은이　최형진·정지선

펴낸이　강진수
편　집　김은숙, 김도연
디자인　임수현

사　진　조은선·이현석·김경주
요리 어시스트　박상지·박지용·최영남·김희원
장소협찬　㈜샘표 지미원

인　쇄　(주)사피엔스컬쳐

펴낸곳　(주)북스고　**출판등록**　제2017-000136호 2017년 11월 23일
주　소　서울시 중구 서소문로 116 유원빌딩 1511호
전　화　(02) 6403-0042　**팩　스**　(02) 6499-1053

ⓒ 최형진·정지선, 2017

- 이 책은 저작권법에 따라 보호를 받는 저작물이므로 무단 전재와 무단 복제를 금지하며,
  이 책 내용의 전부 또는 일부를 이용하려면 반드시 저작권자와 (주)북스고의 서면 동의를 받아야 합니다.
- 책값은 뒤표지에 있습니다. 잘못된 책은 바꾸어 드립니다.

ISBN　979-11-960119-2-5　13590

> 책 출간을 원하시는 분은 이메일 booksgo@naver.com로 간단한 개요와 취지, 연락처 등을 보내주세요.
> Booksgo는 건강하고 행복한 삶을 위한 가치 있는 콘텐츠를 만듭니다.